I0394971

Puzzles Inside

Target Puzzle

Find as many words as you can by joining letters. Each letter can only be used once in each word and the center letter must be used for every word. There extra challenge is to find the largest word(s) that uses every single letter.

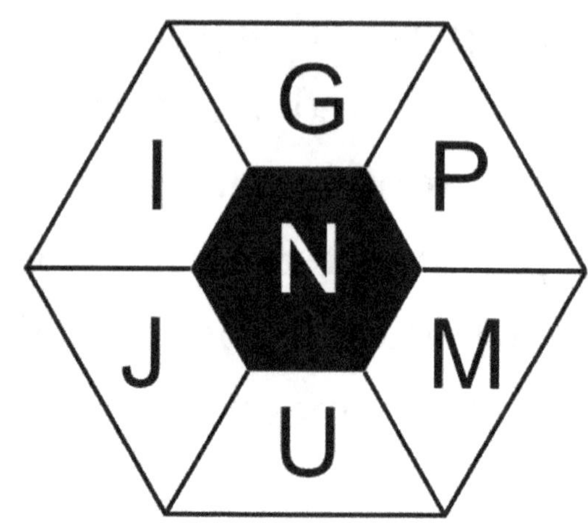

Example: Largest word = 'Jumping'

Word Hunt Puzzle

The goal is to find the most words by joining adjacent letters together to create words. To be a valid word in 'Word Hunt', each letter in a word must be next the previous and letters can only be used once. Letters can be joined horizontally, vertically, or diagonally.

F	O	M	W	B
N	W	R	M	U
I	A	E	L	A
K	Y	J	C	T

Example: Word = 'Normal'. Each letter is joined to the previous and used once.

Word Search Puzzle

In a 'Word Search Puzzle', the goals is to find a set list of words that are hidden in a grid of letters. Words on the grid are displayed either vertically, horizontally, or diagonally.

Sudoku

The goal of a sudoku is to fill in the missing numbers. Via logical deduction, the player must place the numbers 1-9 in every row, column and in each of the nine square grids.

	4			6	8			7
9			7	5			2	1
7		5		2		6		4
5		1	3			7		
					1	9	3	5
3	9	7	8			2		
		8	4					
	7	9	6	1		5	8	3
2	1	3		8	7	4		

Mazes

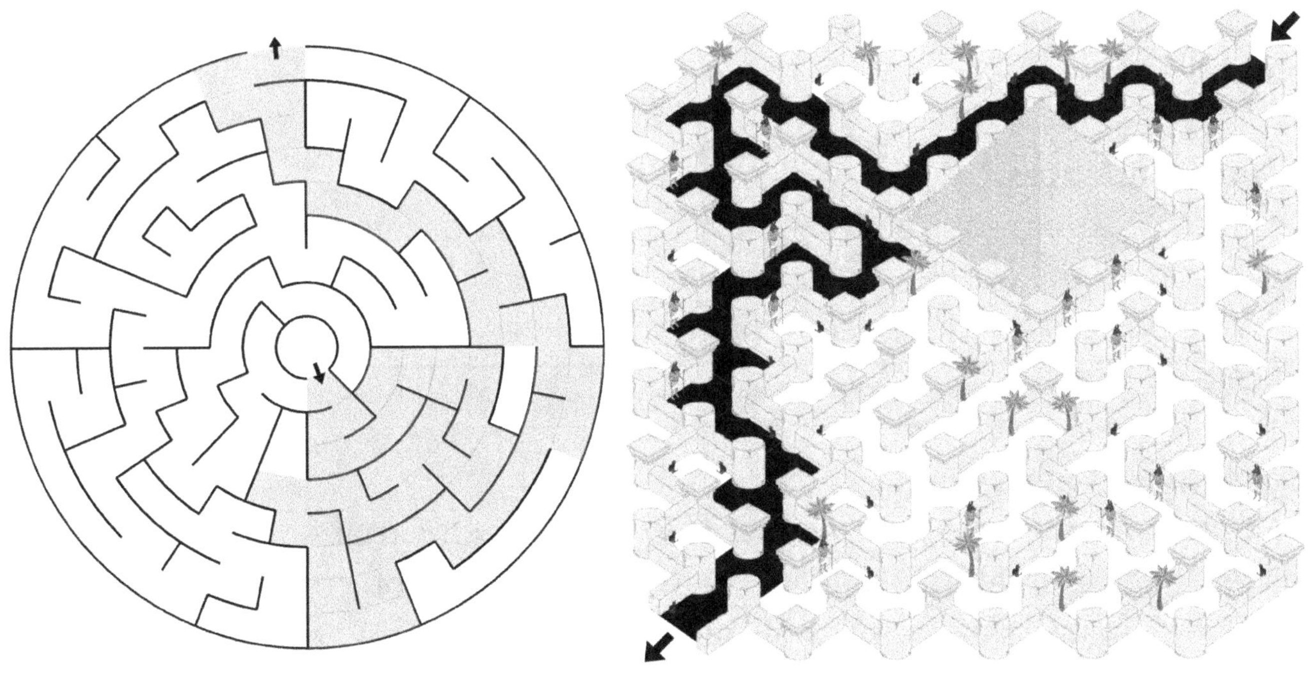

Target Puzzle Guide

The goal of a Nine Letter Target Puzzle is to find as many words as possible by joining letters. An extra challenge is to find the hidden '9 letter word' that is made up of every letter in the puzzle!

There are certain rules a player must abide by.

(1) The Center letter MUST be used in every word:

e.g In the example puzzle above 'REAL', 'LEAN', 'TREE' are all valid words, whereas 'RANT' is invalid as it doesnt use the required center letter 'E'.

(2) A Letter can only be used once:

e.g In the example puzzle above 'TREE' is valid as there are two 'E' letters available to use, however 'RARE' is invalid as there is only one 'R' in the puzzle.

Important Notes:

- Letters are not required to be next to the previous letter e.g 'LANE' is a valid word in the puzzle above despite the 'A' not being next to the 'L'
- These puzzles are designed to be hard and very few people can reach 'Excellent' level.

Vocabulary Exercise:

- Expect to come across many words in the solutions that aren't used in every day conversations. We advise that every time you complete a puzzle, check the answers at the back of the book and look up words that you aren't familar with. In this way not only are you keeping your mind active, but you get the added benefit of an increased vocabulary!

Word-Search 1

K	F	U	T	U	R	E	S	P	E	H	Y
H	H	S	I	S	T	X	Z	P	O	I	F
R	W	E	M	J	A	I	S	W	U	Q	B
E	I	D	M	N	A	O	Y	E	S	M	K
Q	V	M	U	S	R	M	V	T	P	B	B
B	M	Z	N	K	S	M	E	S	I	K	K
U	T	S	E	U	I	E	S	S	R	P	U
D	Y	L	L	M	K	J	U	U	I	L	Z
D	Y	F	M	J	M	Y	I	G	T	J	G
Y	M	H	A	I	D	N	I	J	S	J	K
F	A	T	Q	D	K	C	K	X	I	Z	X
L	B	U	L	T	I	M	A	T	E	M	B

ULTIMATE SPIRITS FUTURES

IMMUNE KIJIJI INDIA

JAMES BUDDY GUESS

Challenges

Good: 6 words

Very Good: 15 words

Excellent: 28 words

Rules:

Words must have 4+ letters

Letters can only be used once

Each letter in a word must be next to the previous

Letters can be joined horizontally, vertically, or diagonally

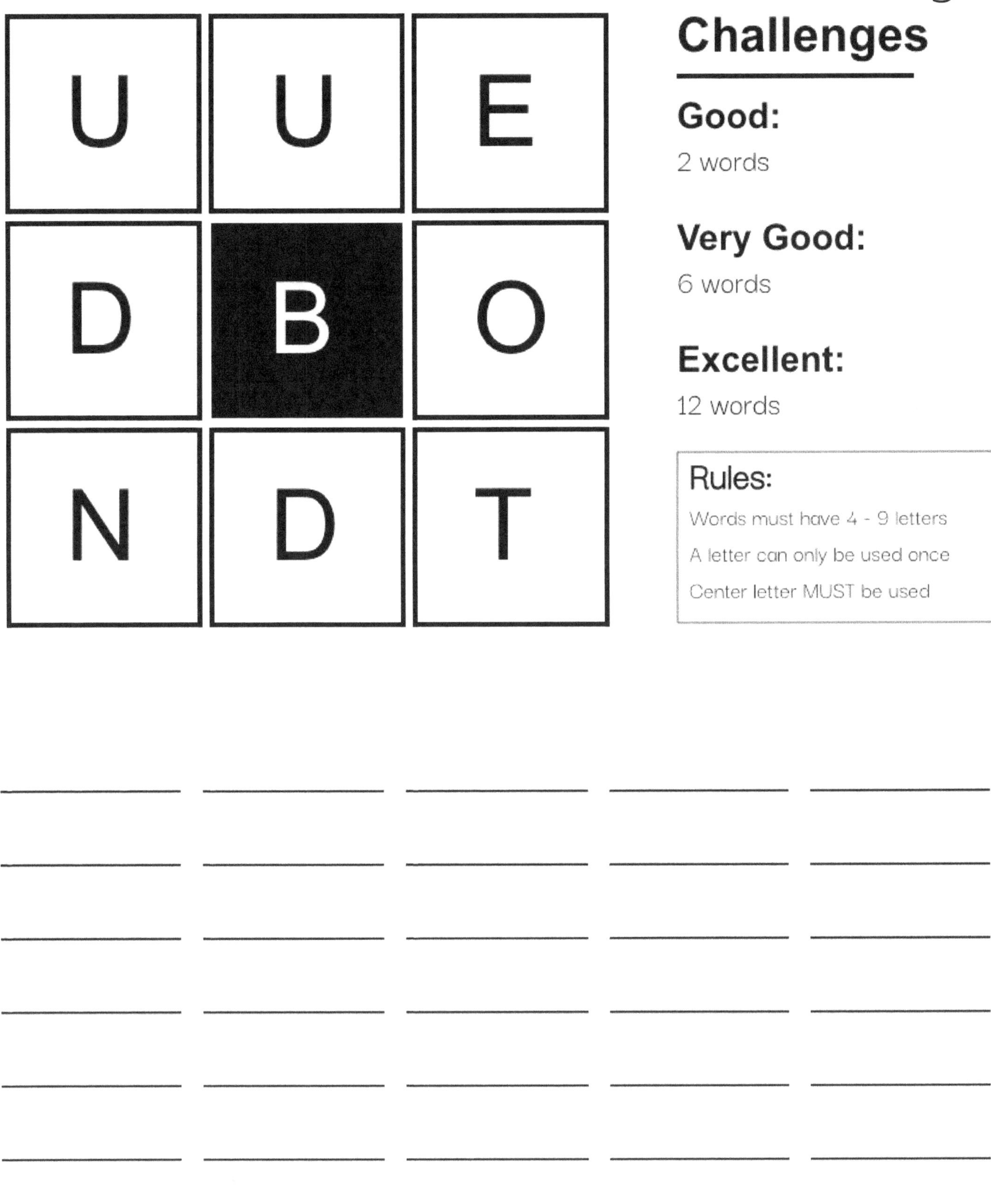

Challenges

Good:

2 words

Very Good:

6 words

Excellent:

12 words

Rules:

Words must have 4 - 9 letters

A letter can only be used once

Center letter MUST be used

4

	3	1	9			7		
	7	5	4			2	6	
8	6		2				1	3
			6		3	8		9
		8	5				7	
	2				8	4		
7	1		8	6	9		3	
6	5	9	3	4	7	1		2
4		3	1		2			7

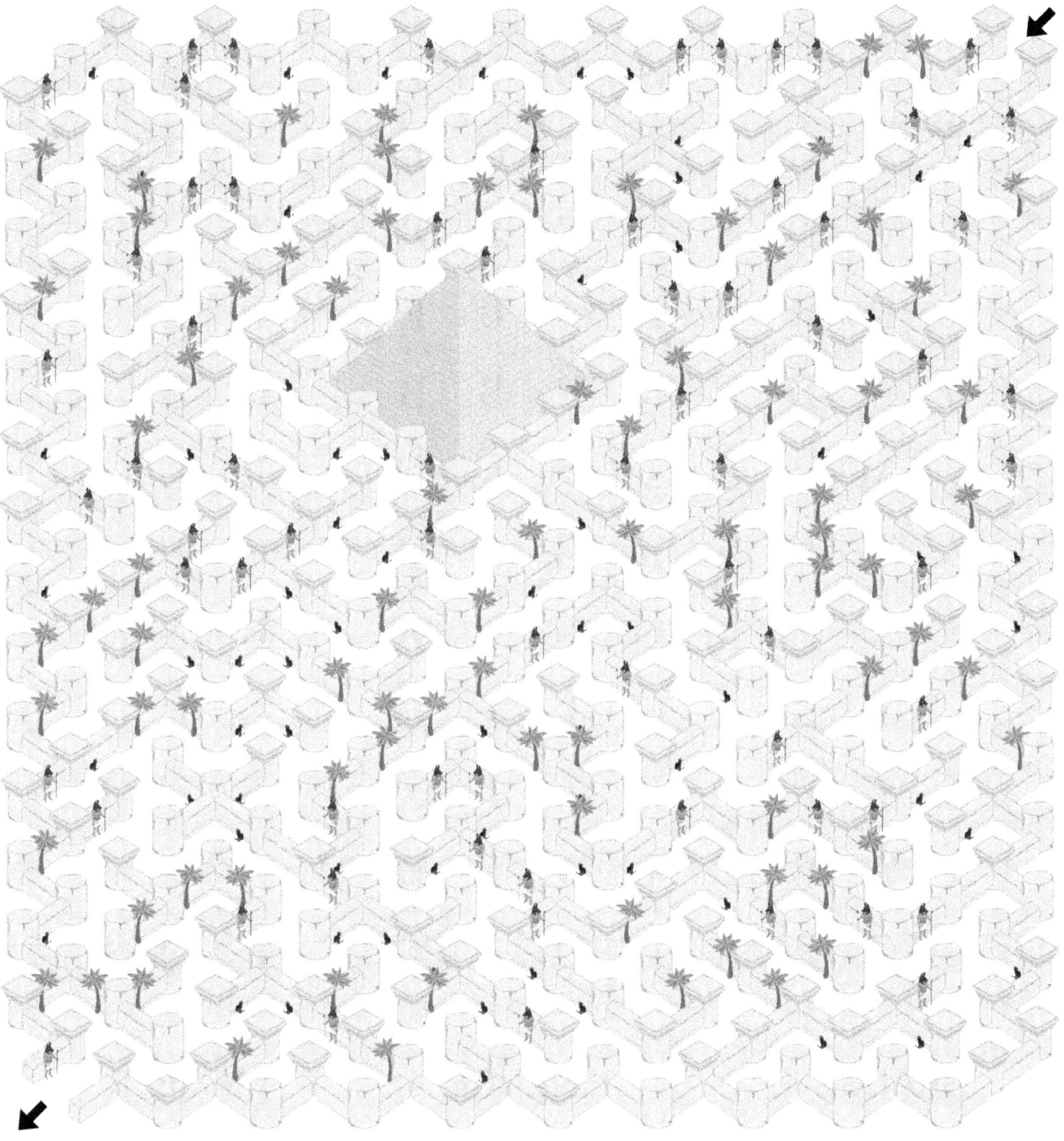

Word-Search 2

Y	S	N	O	S	D	U	H	F	S	O	J
N	A	L	E	Q	S	O	L	H	T	E	O
W	D	N	S	O	C	H	B	R	T	C	O
R	D	R	W	L	Y	B	E	T	F	E	F
O	A	D	U	M	E	B	B	I	O	D	M
T	M	R	B	I	M	K	N	N	E	L	K
E	B	H	A	E	G	A	C	U	Q	N	I
V	R	Q	M	Q	N	V	W	I	B	N	L
L	I	B	A	C	I	I	H	C	N	U	L
V	V	R	E	U	J	I	S	J	B	N	E
R	W	B	G	T	S	I	D	U	N	G	R
K	G	R	A	D	U	A	T	E	P	Q	B

GRADUATE FINANCE MEMBER

NICKEL NUDIST SADDAM

KILLER HUDSON WROTE

Challenges

Good: 8 words

Very Good: 21 words

Excellent: 38 words

Rules:

Words must have 4+ letters

Letters can only be used once

Each letter in a word must be next to the previous

Letters can be joined horizontally, vertically, or diagonally

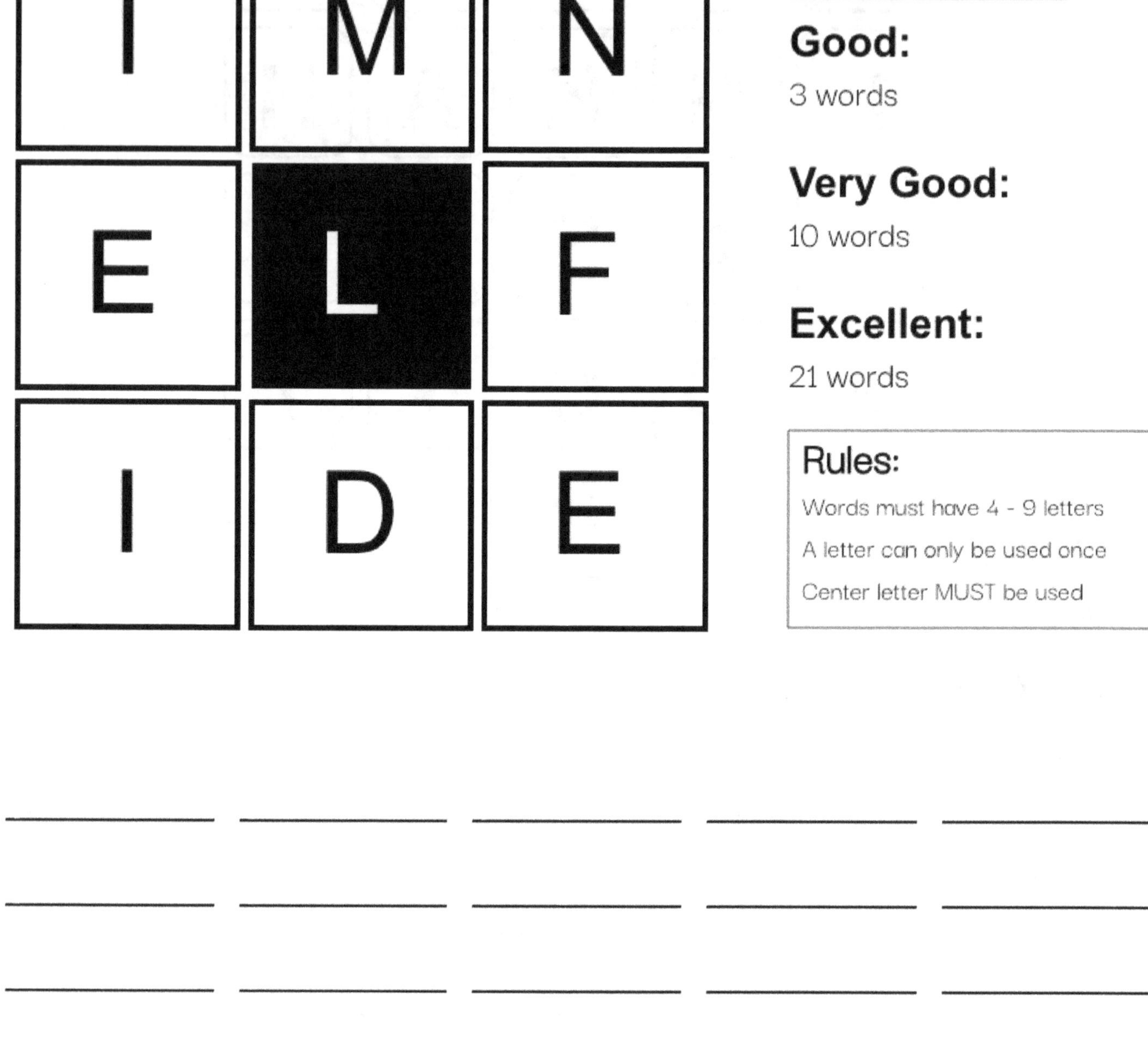

Challenges

Good:

3 words

Very Good:

10 words

Excellent:

21 words

Rules:

Words must have 4 - 9 letters

A letter can only be used once

Center letter MUST be used

	3	2	6	5		9		8
	8		2	9		7	1	
4	9			3	8			2
5	4			8		2	6	
	6	9	5		3	1		
				2	6			
		6	4	7	5	8	9	1
9			8	1		3		
8		1		6		5		4

Word-Search 3

Q	H	O	M	E	W	O	R	K	Y	K	K
U	W	L	B	N	J	K	T	G	A	W	R
E	L	W	I	W	O	A	G	T	Y	E	M
R	C	N	S	S	L	W	F	U	N	W	S
I	N	K	E	E	T	Q	H	O	K	B	E
E	D	S	N	A	J	I	R	E	G	R	C
S	E	T	G	A	R	M	N	U	R	I	R
T	G	I	F	L	A	E	E	G	L	E	E
D	N	E	T	L	W	J	S	Y	C	Y	T
K	A	Y	L	U	L	P	H	T	K	J	S
A	H	Y	J	H	S	I	N	L	T	T	J
O	C	Q	W	I	T	H	C	L	K	C	C

HOMEWORK NORMALLY LISTING

SECRETS NEAREST QUERIES

CHANGED NOWHERE TALENT

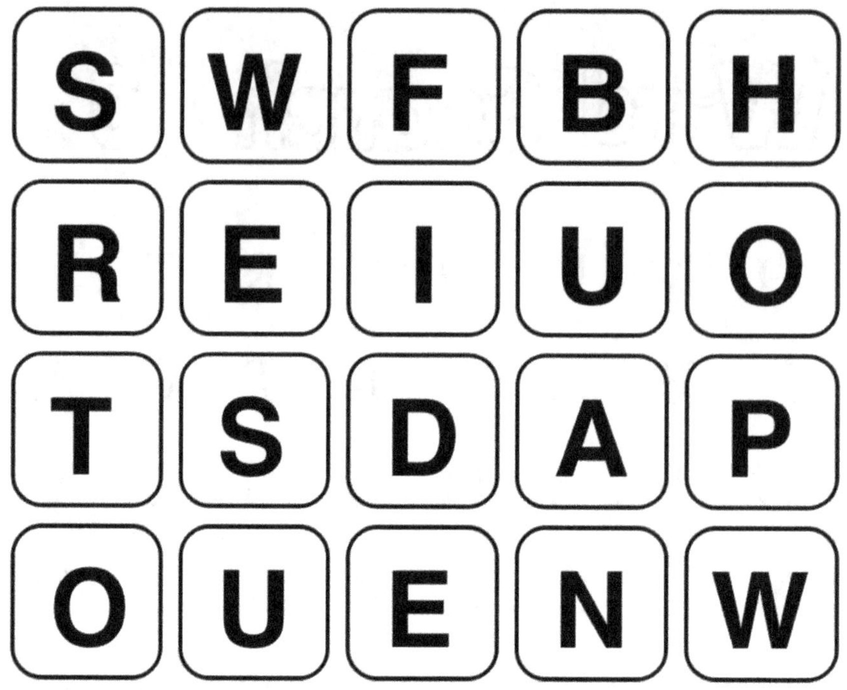

Challenges

Good: 7 words

Very Good: 17 words

Excellent: 32 words

Rules:

Words must have 4+ letters

Letters can only be used once

Each letter in a word must be next to the previous

Letters can be joined horizontally, vertically, or diagonally

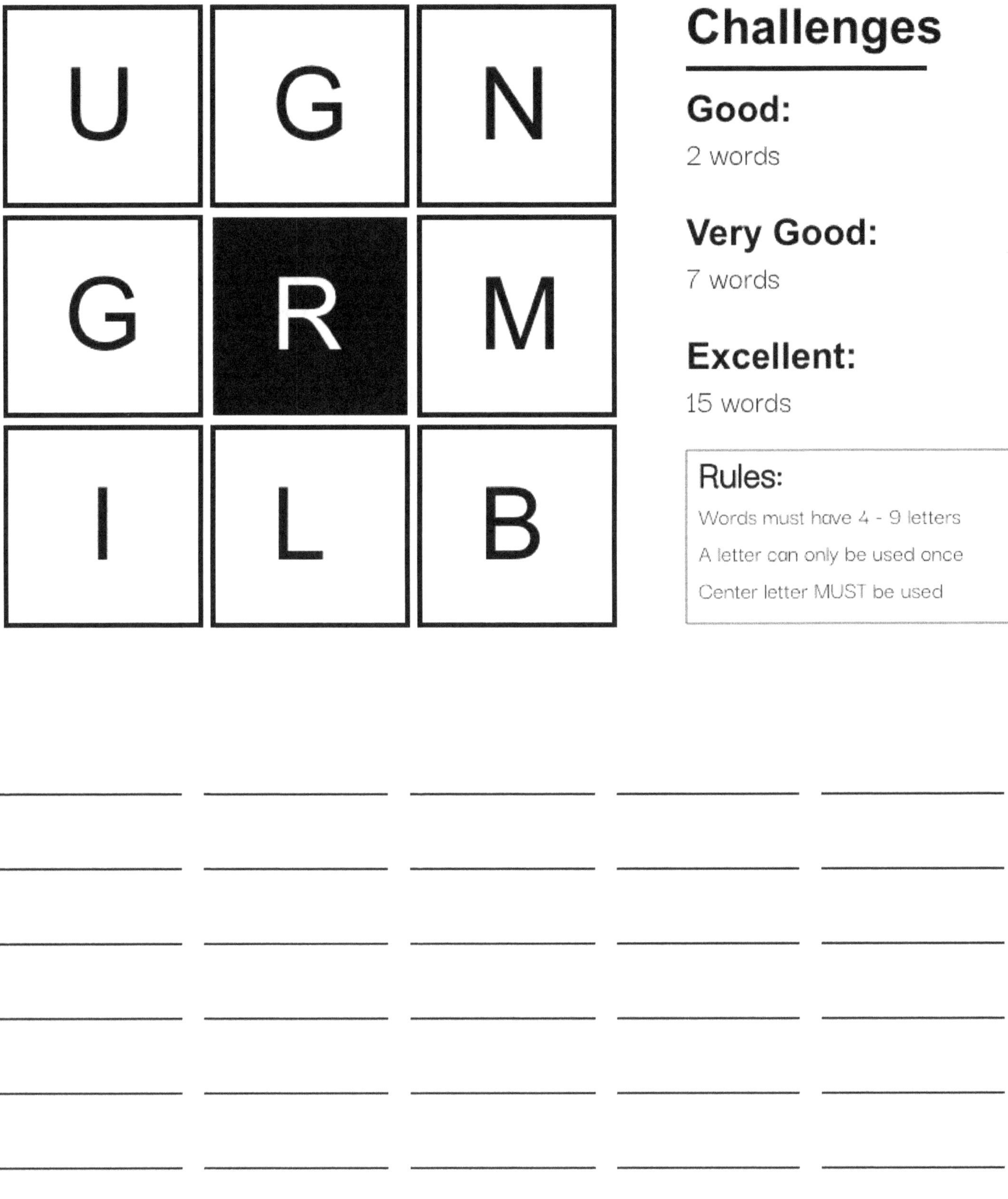

Challenges

Good:

2 words

Very Good:

7 words

Excellent:

15 words

Rules:

Words must have 4 - 9 letters

A letter can only be used once

Center letter MUST be used

	1	7	2	3				8
2	8	4		9	7	6	3	
					8			9
3	7			8				5
6	5						9	7
1	4				9	3	8	
	3		8		2	9	5	4
		6	3	4		7	1	2
	2		9	7			6	

Word-Search 4

G	D	A	I	S	A	A	R	J	B	K	C
C	A	N	D	W	F	F	B	H	F	S	D
O	D	E	F	A	U	L	T	V	Y	Y	S
A	U	N	E	P	C	E	Q	L	L	N	U
B	P	L	A	V	I	W	N	L	L	D	U
T	Q	R	E	B	I	E	O	S	A	R	M
D	E	K	I	S	T	D	A	D	U	O	V
A	W	E	N	L	E	Q	E	I	Q	M	F
G	L	N	F	F	U	I	H	N	E	E	E
U	G	N	Y	T	T	U	D	F	C	E	H
G	G	Y	Q	K	N	I	G	H	T	E	D
M	U	S	T	A	N	G	H	H	B	T	N

EVIDENCE SYNDROME MUSTANG
DEFAULT EQUALLY KNIGHT
DIESEL APRIL KENNY

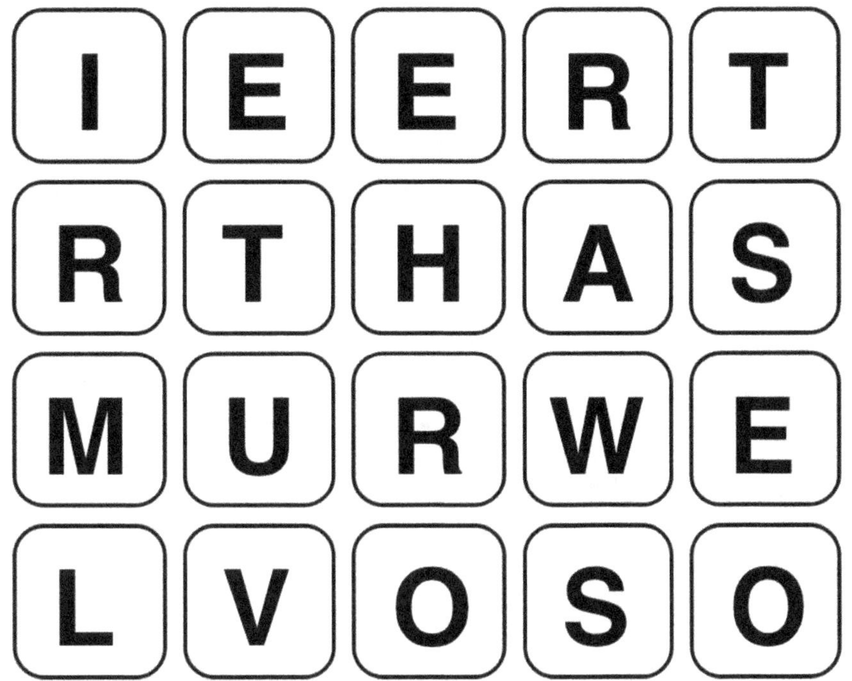

Challenges

Good: 7 words

Very Good: 18 words

Excellent: 33 words

Rules:

Words must have 4+ letters

Letters can only be used once

Each letter in a word must be next to the previous

Letters can be joined horizontally, vertically, or diagonally

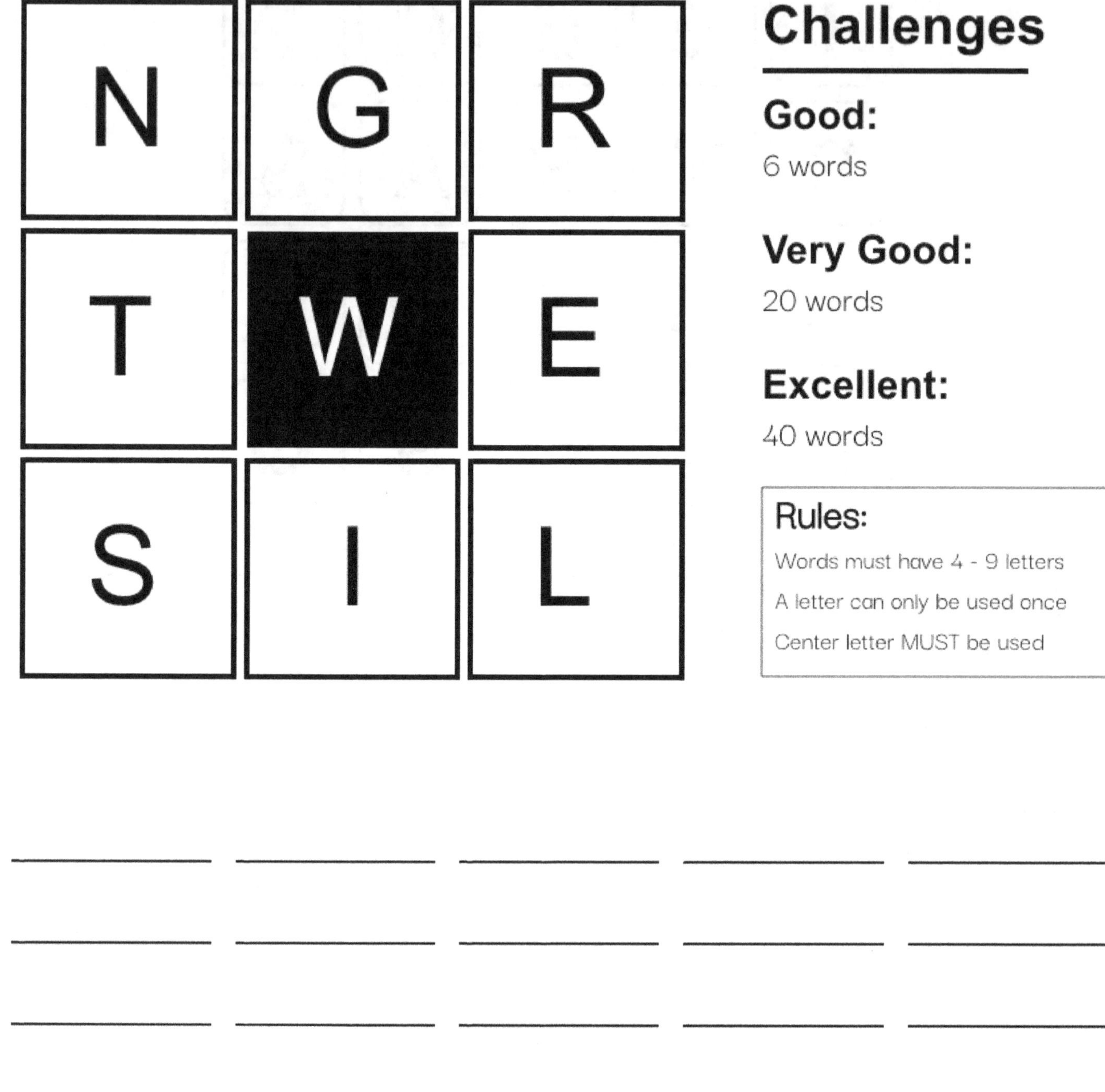

Challenges

Good:
6 words

Very Good:
20 words

Excellent:
40 words

Rules:
Words must have 4 - 9 letters
A letter can only be used once
Center letter MUST be used

	3		2			6		1
1	8	7	3	4	6		2	5
5	6			1	9	7		
2	5	1			3		4	9
		6	9	8		1		2
				2		3	6	
		8		9	1		7	
	1	5	6			4		
	2		4	7	8	5		

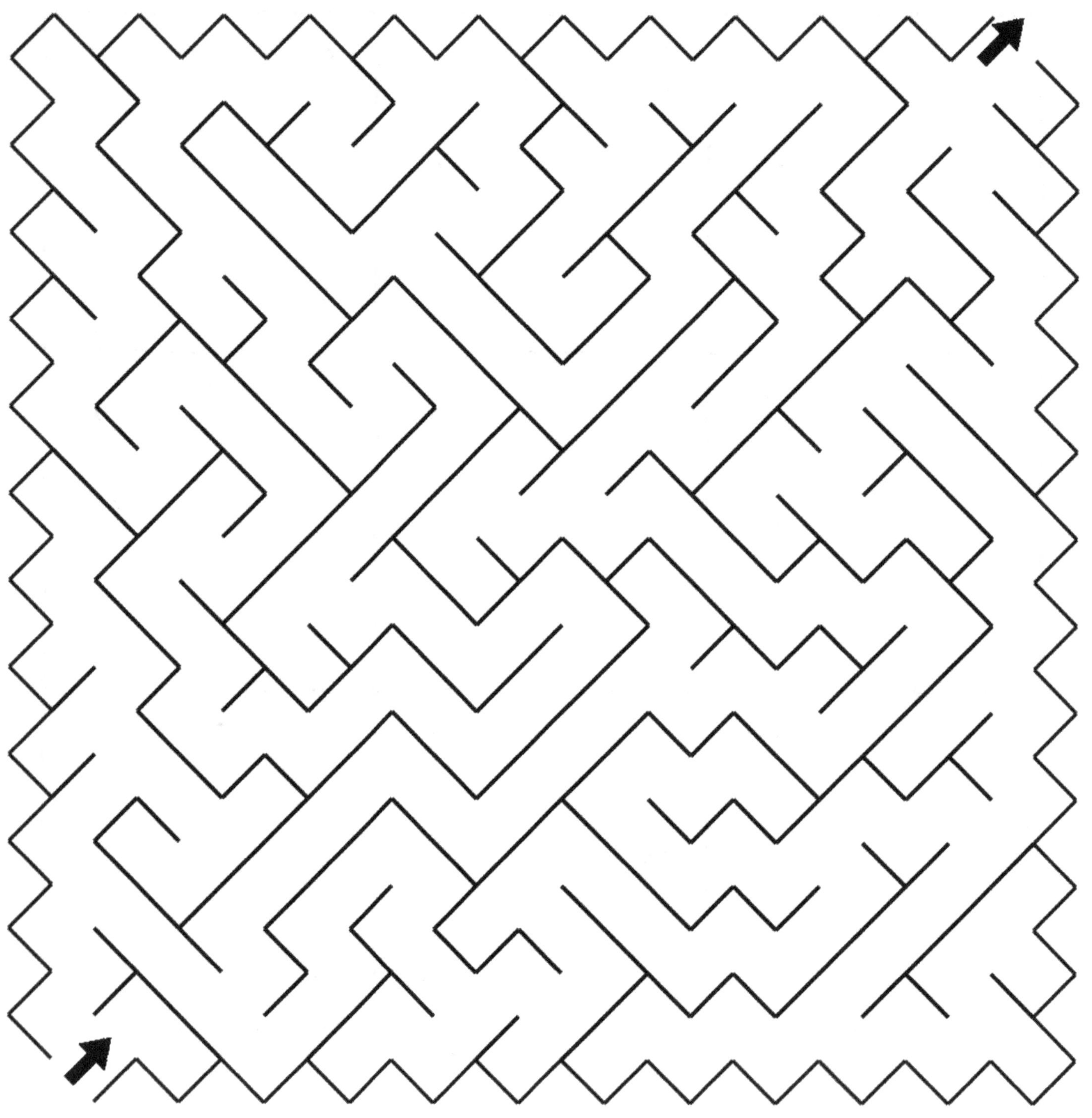

Word-Search 5

H	P	W	N	O	P	T	I	M	A	L	Q
T	M	R	G	U	M	E	V	Y	F	L	U
Q	L	T	F	H	M	Q	K	E	D	B	L
P	E	F	K	J	R	E	C	T	U	Y	N
S	X	S	H	T	U	I	R	I	Y	E	O
D	E	D	C	A	W	M	Y	O	P	C	B
U	C	I	L	T	I	J	P	A	U	O	R
O	U	A	O	T	Z	Q	L	I	L	S	Y
U	T	M	C	H	S	A	N	Y	N	J	H
A	E	L	K	Q	H	H	N	R	U	G	B
I	D	L	S	O	S	E	I	R	E	U	Q
U	F	M	P	W	Y	T	I	S	E	B	O

EXECUTED NUMEROUS OPTIMAL

QUERIES OBESITY JUMPING

CLOCKS NEPAL TWICE

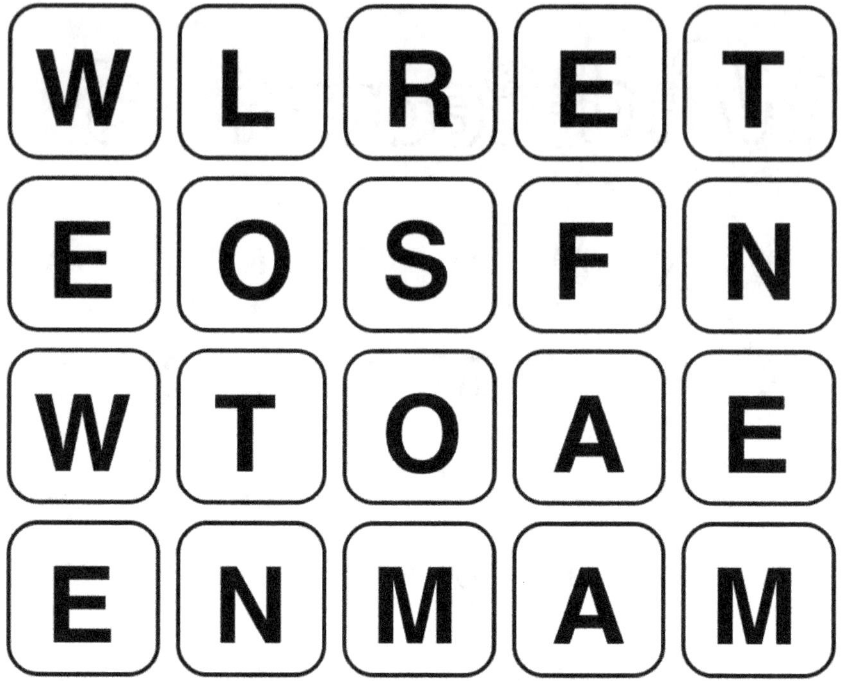

Challenges

Good: 8 words

Very Good: 20 words

Excellent: 37 words

Rules:

Words must have 4+ letters

Letters can only be used once

Each letter in a word must be next to the previous

Letters can be joined horizontally, vertically, or diagonally

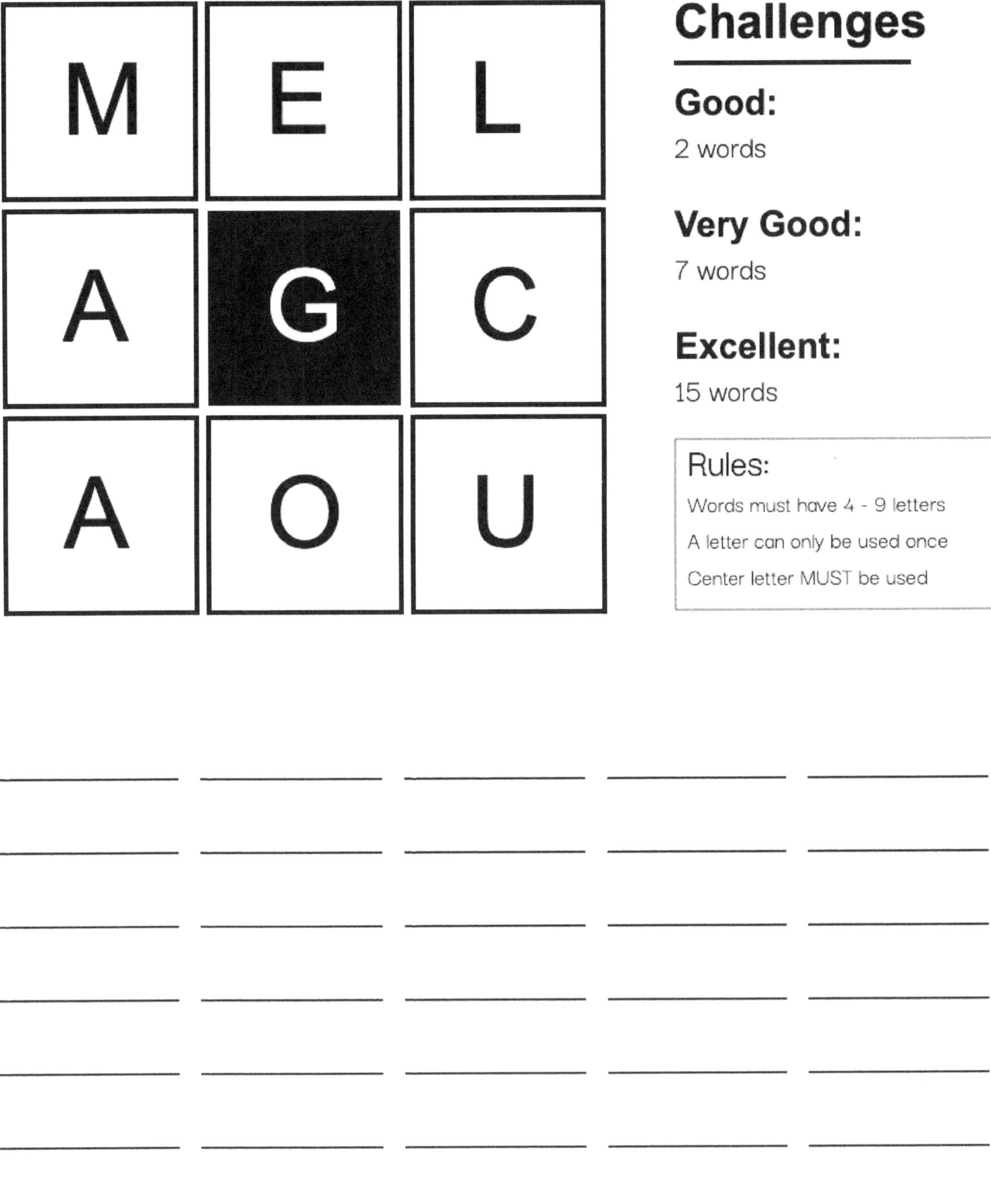

Challenges

Good:

2 words

Very Good:

7 words

Excellent:

15 words

Rules:

Words must have 4 - 9 letters

A letter can only be used once

Center letter MUST be used

				2	8		3	
9	4	3	5	6	1	7	2	8
2			9	3	4	6	5	
	6	4				2	7	
7	5	1	2					
3		2		5	7			
4			6			5	1	
1	2						6	7
	7	6			3	8		2

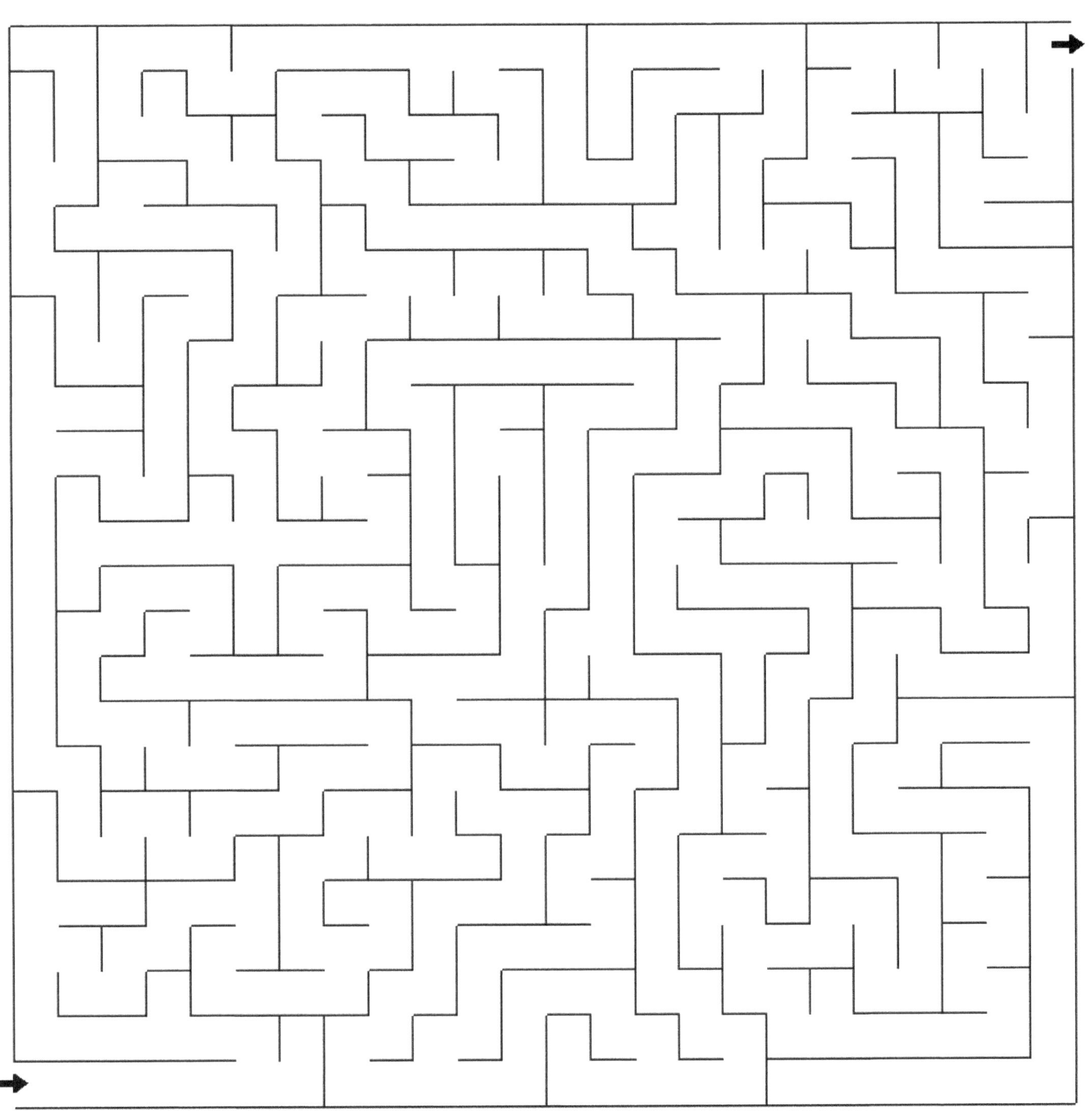

Word-Search 6

R	K	F	D	N	A	H	T	A	N	R	Y
Q	P	A	U	M	C	S	S	J	I	B	W
A	P	A	J	H	E	T	J	S	W	M	M
U	I	V	I	S	D	T	E	M	Y	F	S
D	Q	I	A	H	W	I	H	T	F	Y	E
I	S	K	K	Y	R	S	N	O	T	W	S
T	L	O	O	O	P	P	D	S	D	S	D
O	L	T	T	R	G	S	I	D	B	S	T
R	I	S	W	E	Y	D	N	V	F	H	H
F	B	L	W	J	U	U	T	A	D	S	C
Y	B	K	I	N	P	B	I	G	E	J	A
R	U	F	E	E	L	I	N	G	S	J	Y

FEELINGS STORIES METHODS
AUDITOR NATHAN NUDIST
JEANS YACHT BILLS

Challenges

Good: 6 words

Very Good: 16 words

Excellent: 29 words

Rules:

Words must have 4+ letters

Letters can only be used once

Each letter in a word must be next to the previous

Letters can be joined horizontally, vertically, or diagonally

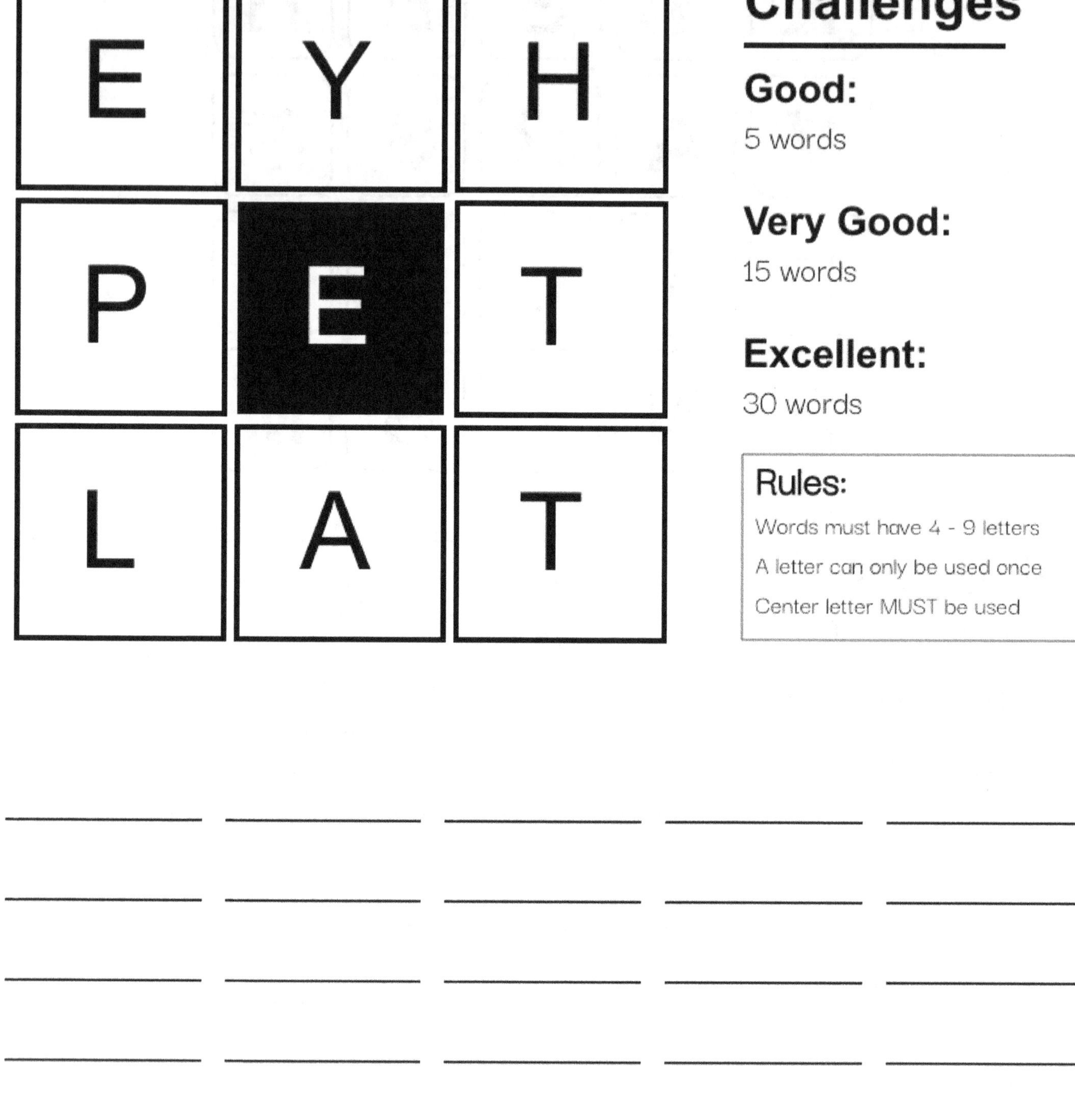
E Y H
P E T
L A T
Challenges
Good:
5 words
Very Good:
15 words
Excellent:
30 words
Rules:
Words must have 4 - 9 letters
A letter can only be used once
Center letter MUST be used

1	3	2	6		7	5		9
			2	1		3	7	
6	7			8	3	2	1	4
	8	7	1		2		9	
		4	9		8		6	
9		6	7				2	1
8		1	4	7		6	3	
4				9				
		5	3		1		4	

FINISH
START

Word-Search 7

J	E	J	B	D	O	V	K	P	C	M	H
E	G	Y	P	T	L	S	G	B	B	U	U
N	N	D	U	B	R	A	D	O	R	U	B
S	A	J	A	O	K	E	Y	E	B	N	K
T	V	I	A	O	K	K	V	T	O	A	U
E	A	C	R	C	L	R	T	M	T	I	T
X	H	N	A	A	E	P	J	J	T	B	B
I	D	R	K	S	U	P	U	A	L	Q	E
S	T	O	B	S	N	B	V	Y	E	N	L
T	R	O	A	O	I	W	O	K	S	Q	W
M	P	S	A	I	P	O	I	H	T	E	I
G	O	F	R	I	N	S	I	D	E	R	I

OBSERVER ETHIOPIA INSIDER

TRACKED BOTTLES UPLOAD

TANKS EXIST EGYPT

Challenges

Good: 6 words

Very Good: 15 words

Excellent: 29 words

Rules:

Words must have 4+ letters

Letters can only be used once

Each letter in a word must be next to the previous

Letters can be joined horizontally, vertically, or diagonally

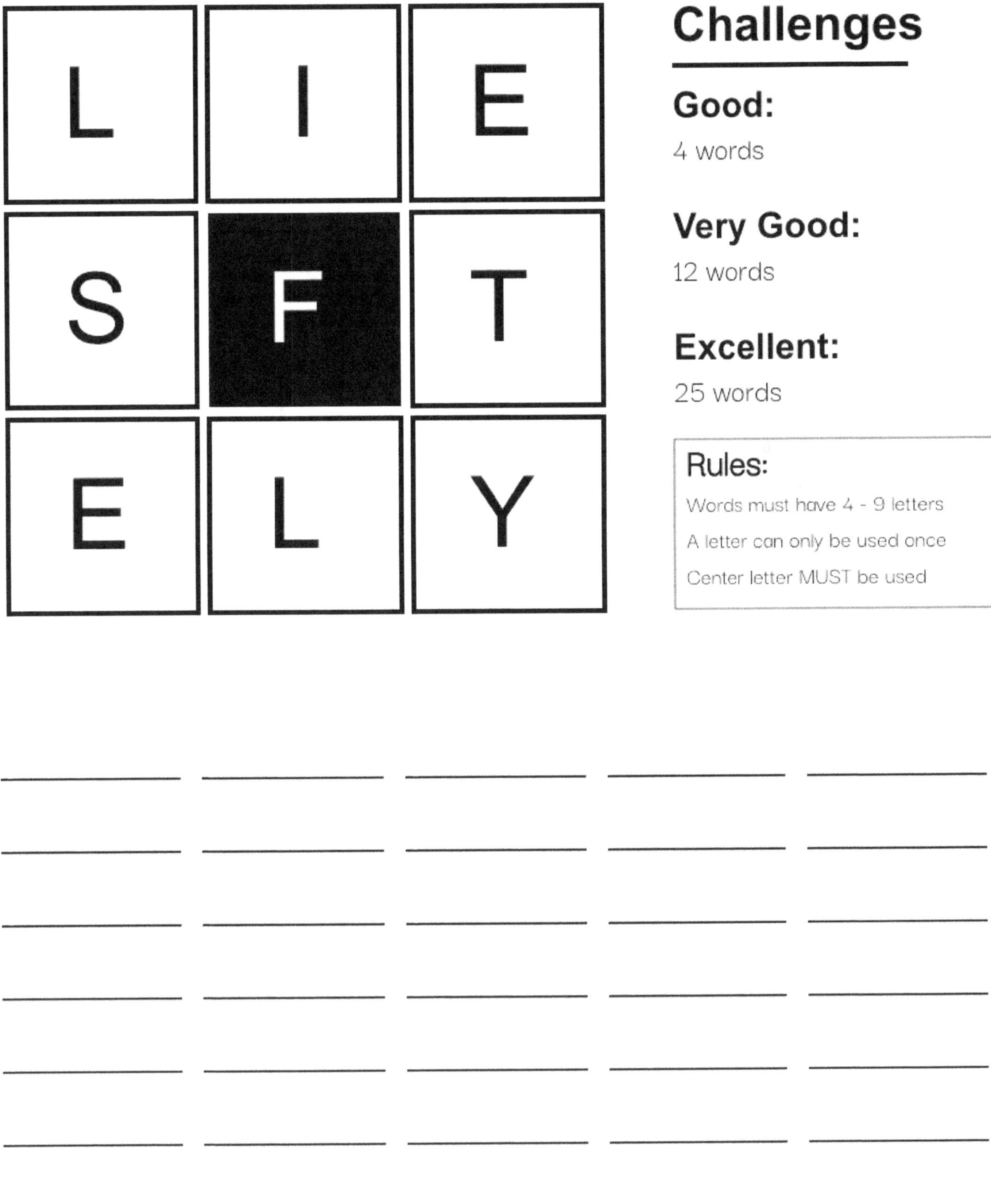
L I E
S F T
E L Y
Challenges
Good:
4 words
Very Good:
12 words
Excellent:
25 words
Rules:
Words must have 4 - 9 letters
A letter can only be used once
Center letter MUST be used

	1		6			4	2	
	7		4				8	5
9			8	2	5	6		
	9	1		7	6		4	
7	6			9	4			1
3	2	4		5	8		7	6
1			7	6			3	4
4	3		5					2
	5	7				1	6	

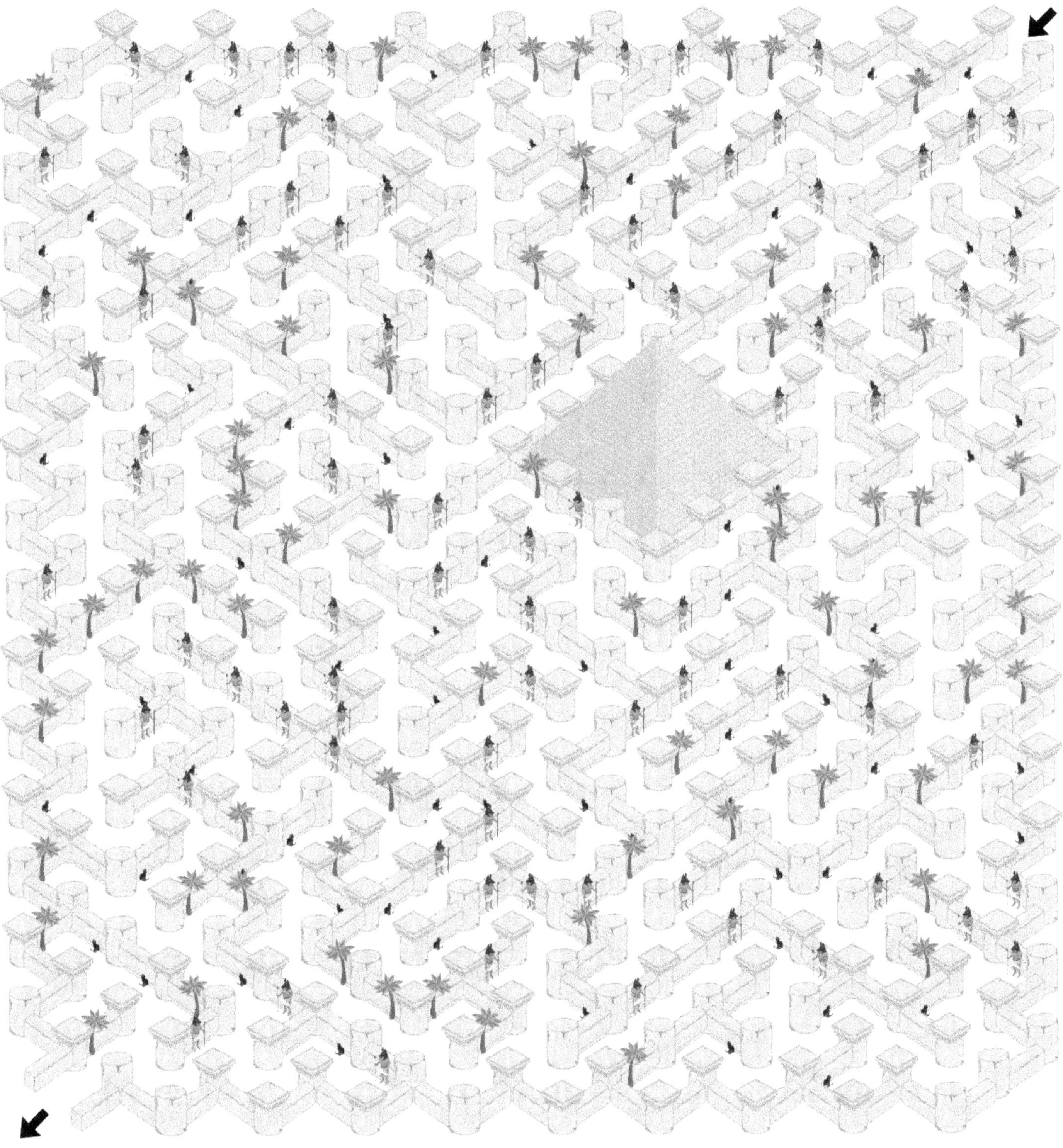

Word-Search 8

D	E	S	W	Y	R	S	F	T	I	O	H
W	L	U	C	S	D	E	U	P	P	H	F
G	H	P	B	C	N	Y	D	E	T	S	W
T	J	R	K	C	I	E	N	E	M	S	Q
A	P	E	E	B	T	I	D	P	A	A	H
H	U	M	V	A	N	F	I	P	S	F	O
N	P	E	L	G	T	O	K	N	O	F	L
O	E	O	S	E	J	R	I	A	Y	E	L
E	S	B	E	G	I	N	N	E	R	C	Y
I	V	S	A	R	U	D	N	O	H	T	G
N	O	U	N	D	H	M	N	D	F	V	V
M	A	T	E	R	I	A	L	Q	M	F	U

OPENINGS
ISOLATED
MATERIAL
HONDURAS
BEGINNER
SUPREME
AFFECT
HOLLY
FENCE

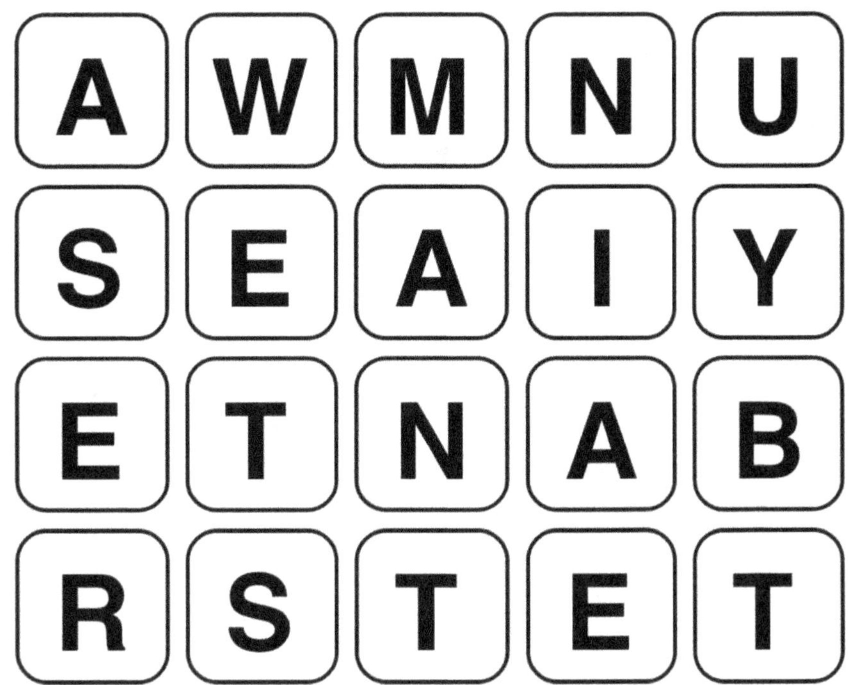

Challenges

Good: 12 words

Very Good: 30 words

Excellent: 56 words

Rules:

Words must have 4+ letters

Letters can only be used once

Each letter in a word must be next to the previous

Letters can be joined horizontally, vertically, or diagonally

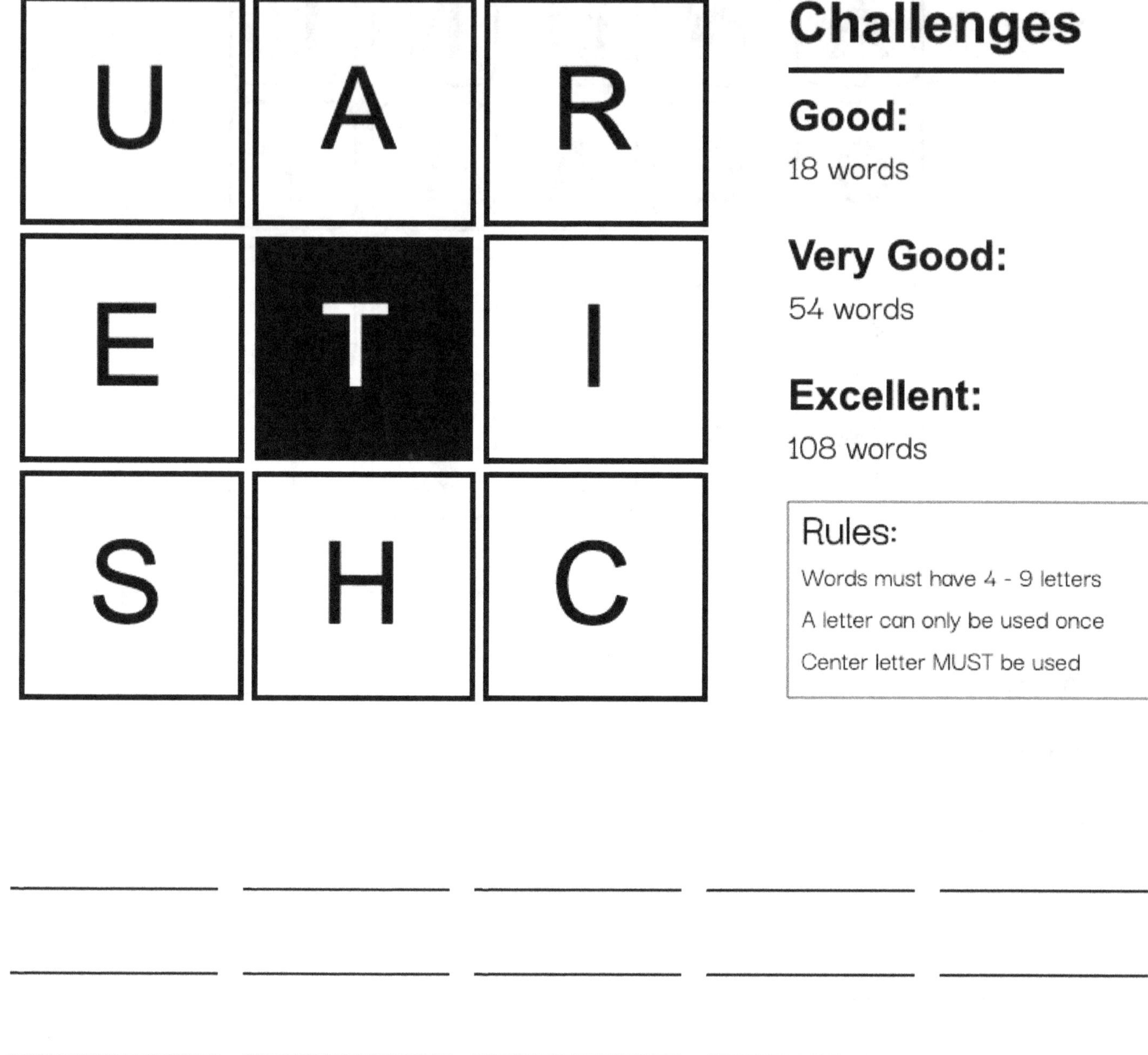
U A R
E T I
S H C
Challenges
Good:
18 words
Very Good:
54 words
Excellent:
108 words
Rules:
Words must have 4 - 9 letters
A letter can only be used once
Center letter MUST be used

7		4	6		8			2
8			2	1	4	6	5	
2				9		4		1
	7					8	2	
4		8			2		6	
6	5	2	8		9			
3				6	5			4
		1			3	5		
5		6		2			9	8

Wird-Search 9

M	G	J	Y	M	U	I	A	P	U	E	P
E	I	L	A	O	H	P	A	L	B	G	Y
D	B	A	A	P	W	F	O	T	C	W	V
I	S	K	W	Y	A	G	W	Y	C	O	W
C	O	E	I	H	I	N	D	Y	H	I	P
A	N	S	O	C	E	O	E	K	J	G	R
I	T	L	A	Y	N	N	C	S	L	O	X
D	O	L	A	I	T	I	E	U	E	A	N
J	I	Y	T	B	G	R	Y	V	C	G	W
Q	M	A	S	C	H	C	M	W	E	A	I
C	L	F	S	N	A	I	D	N	I	R	E
H	O	B	S	E	R	V	E	D	G	N	B

JAPANESE
OBSERVED
WHENEVER
MEDICAID
LOGICAL
INDIANS
GIBSON
LATINO
LAKES

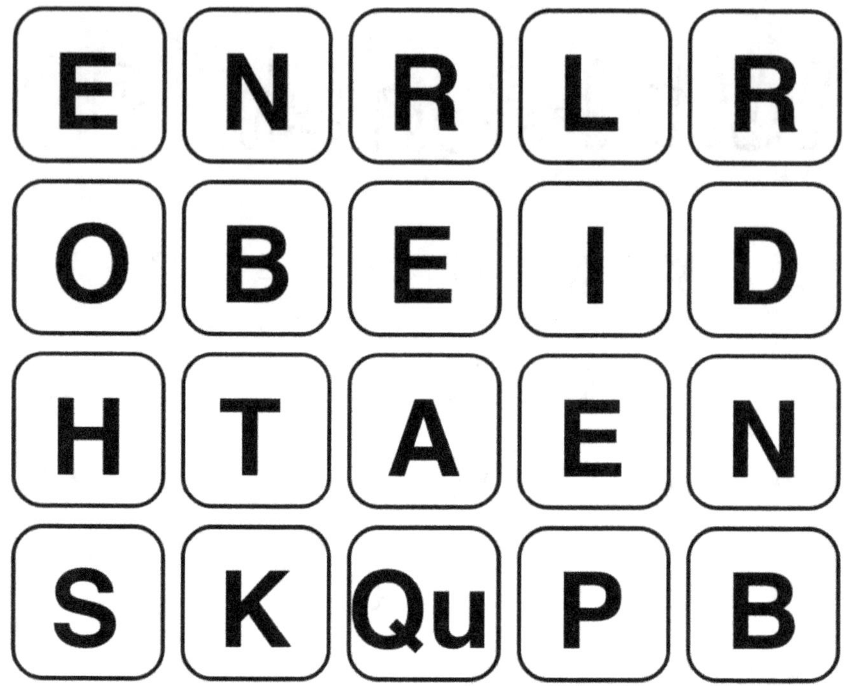

Challenges

Good: 8 words

Very Good: 20 words

Excellent: 38 words

Rules:

Words must have 4+ letters

Letters can only be used once

Each letter in a word must be next to the previous

Letters can be joined horizontally, vertically, or diagonally

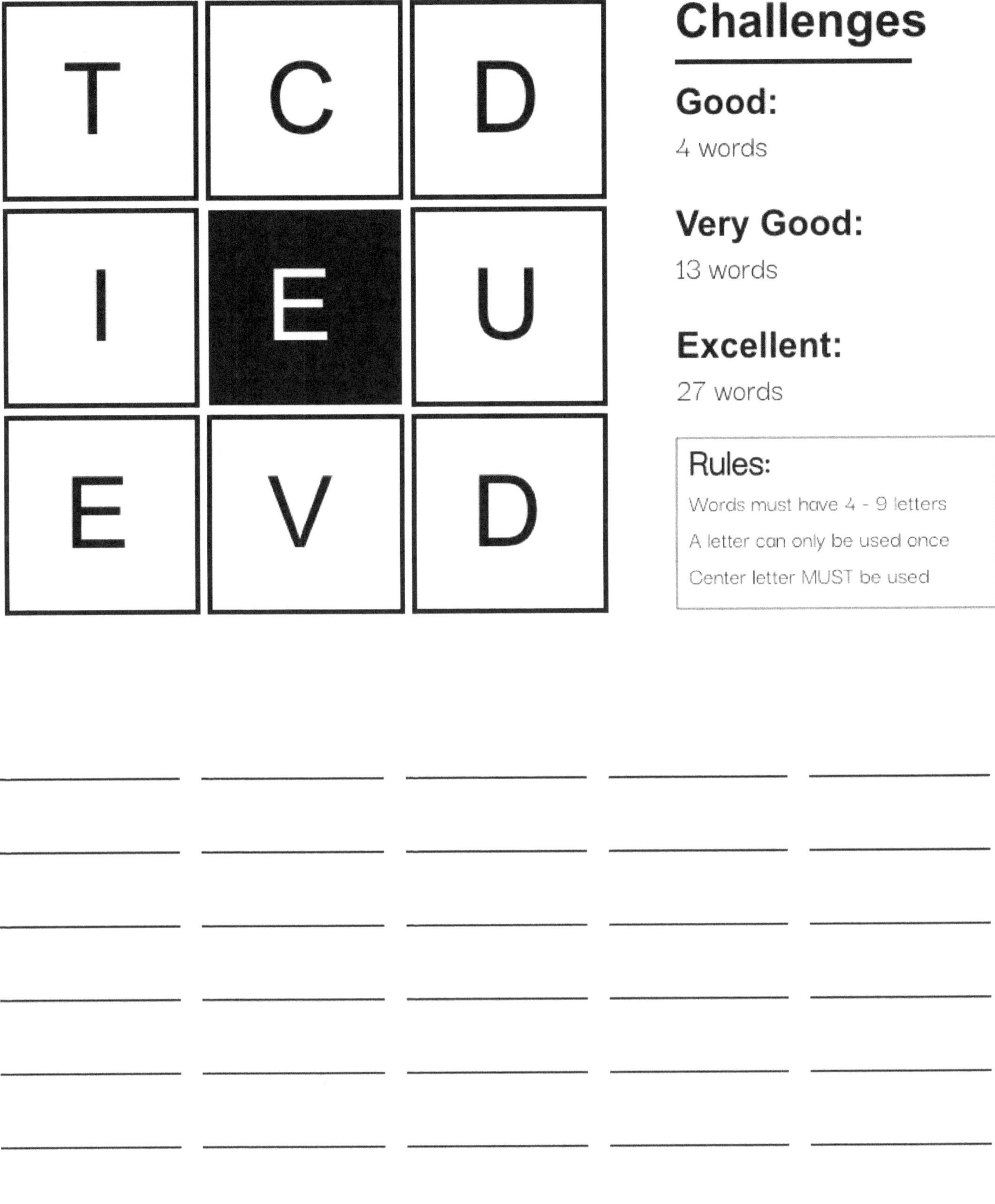
T C D
I E U
E V D
Challenges
Good:
4 words
Very Good:
13 words
Excellent:
27 words
Rules:
Words must have 4 - 9 letters
A letter can only be used once
Center letter MUST be used

	8	3		4		2	1	6
		9		2				
		4		3	6			7
	3		6		4	1	9	2
4		6					8	
		2	3		8		7	4
3	7		9	6				1
2			4	7		5		
6	4	1	5	8		7	2	

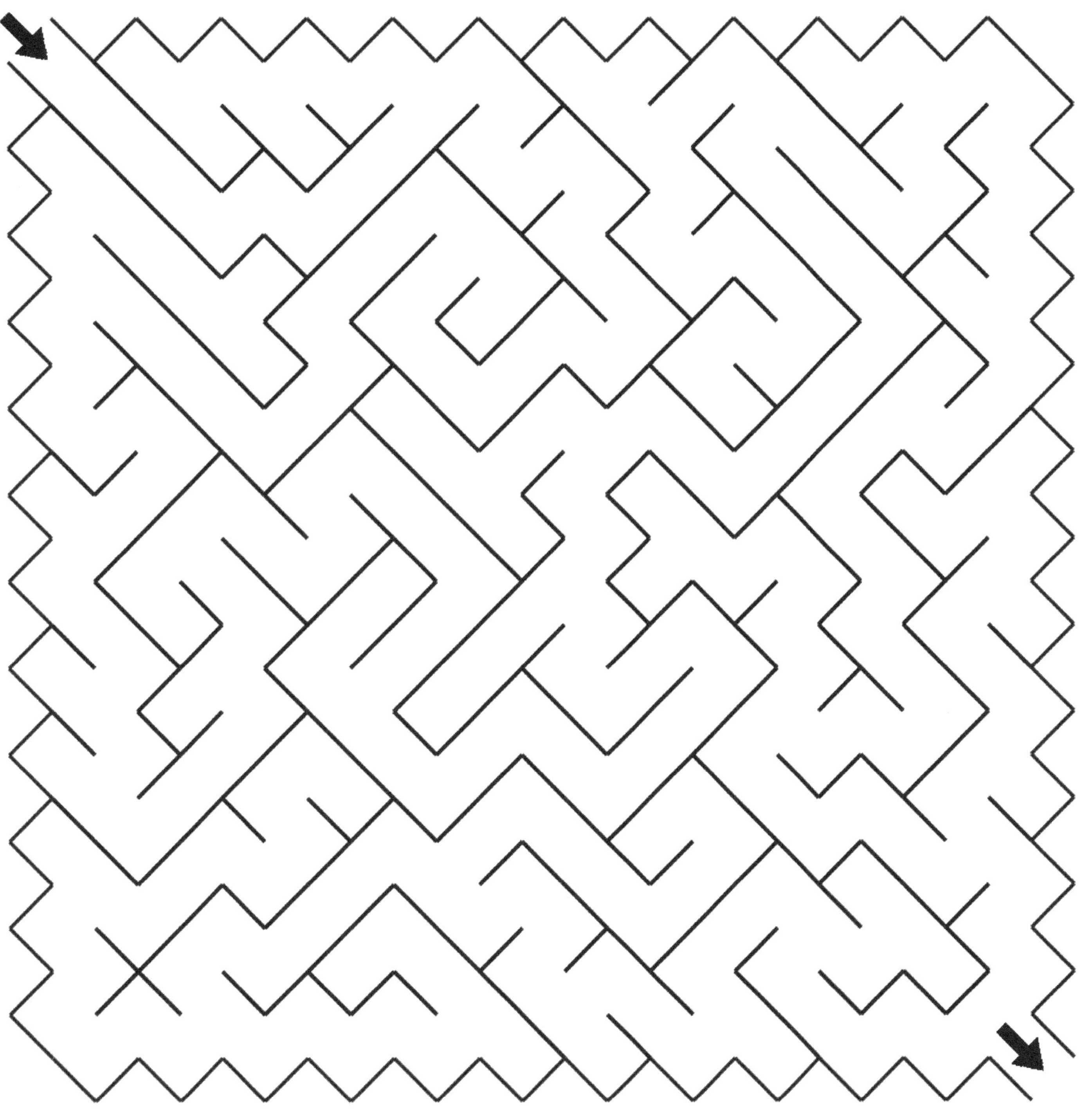

Word-Search 10

W	Y	K	S	Q	C	Q	O	O	C	O	K
R	J	M	F	A	J	S	V	G	C	A	M
H	B	R	W	O	C	E	R	S	W	L	W
U	V	D	V	A	R	U	N	D	Y	P	G
E	L	I	R	E	T	B	J	N	H	O	N
Q	T	O	E	A	X	E	E	L	Y	L	I
S	P	W	K	Q	F	C	T	S	G	E	S
B	B	W	O	A	P	W	E	K	V	V	A
U	C	F	A	S	Z	S	M	P	L	E	E
Z	S	R	R	I	V	O	G	M	T	D	L
J	B	D	A	E	G	A	R	E	V	E	B
H	X	C	K	S	F	F	I	D	A	H	D

BEVERAGE LEASING DEVELOP
KARAOKE EXCEPT FORBES
OSCAR DIFFS JENNY

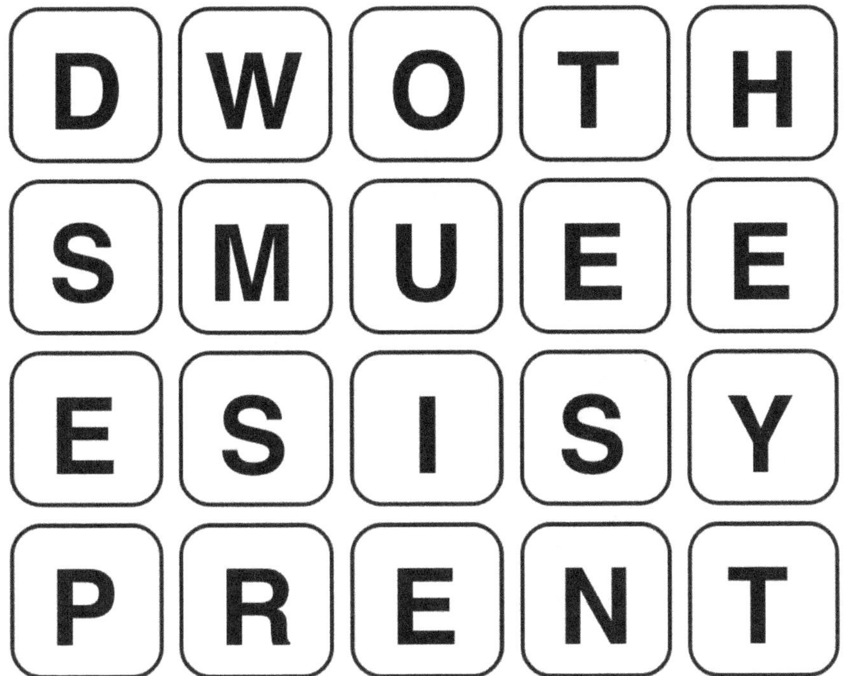

Challenges

Good: 8 words

Very Good: 20 words

Excellent: 37 words

Rules:

Words must have 4+ letters

Letters can only be used once

Each letter in a word must be next to the previous

Letters can be joined horizontally, vertically, or diagonally

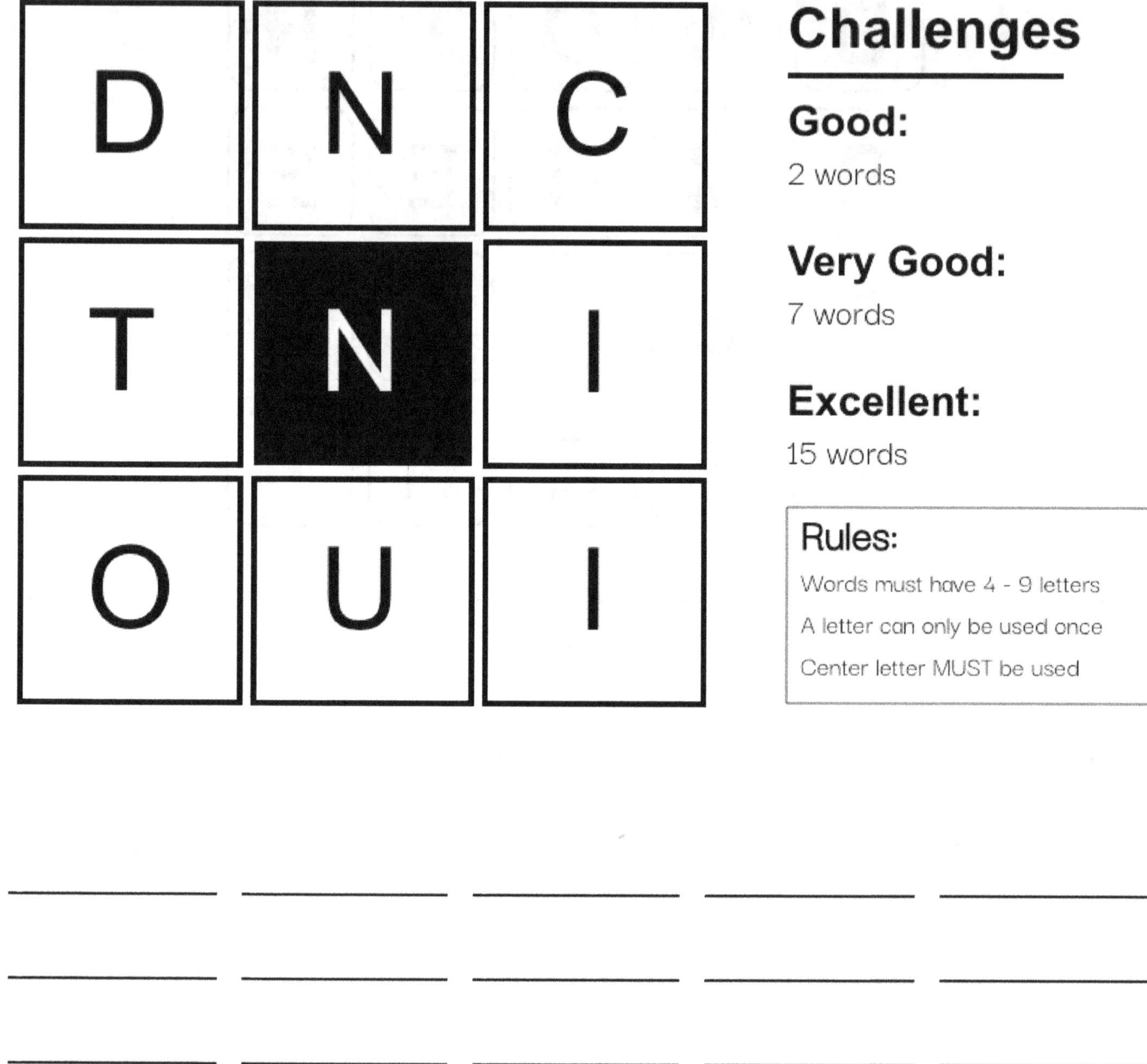

Challenges

Good:

2 words

Very Good:

7 words

Excellent:

15 words

Rules:

Words must have 4 - 9 letters

A letter can only be used once

Center letter MUST be used

1	9		3	6	4	8		
		3					6	5
			9				1	4
		7		4	3	1	2	9
6		9			2		3	
3				8	9	7	5	6
7	5					6	4	
					5	2	8	
	3	8	7	2			9	1

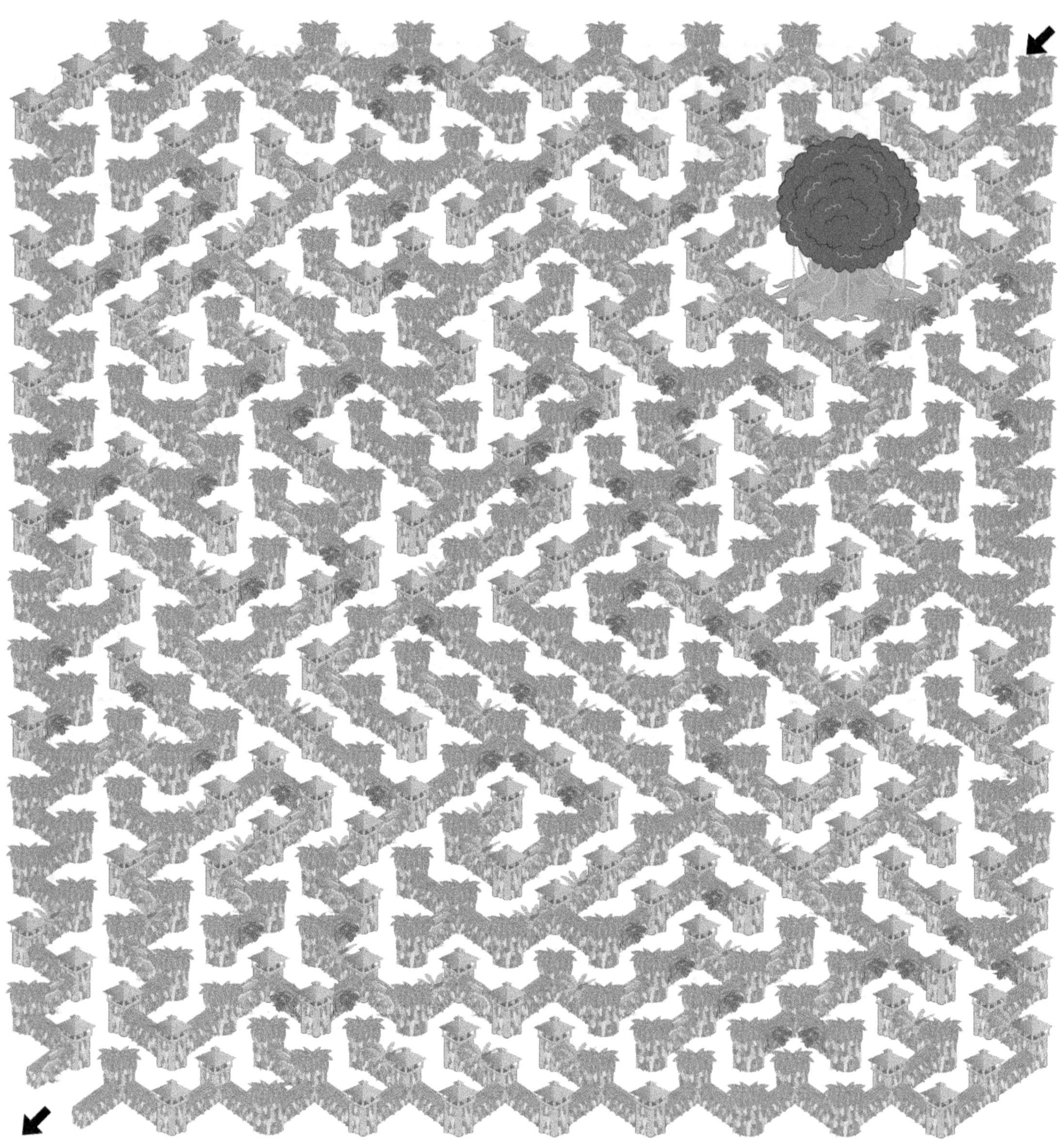

Word-Search 11

O	H	H	V	W	E	S	L	P	Y	U	O
A	I	N	Y	A	R	R	A	N	G	E	O
V	I	T	A	L	Y	L	B	N	B	D	N
E	M	R	W	C	A	P	M	U	U	W	F
V	M	G	C	D	N	I	L	G	E	E	U
U	R	Q	I	C	G	L	G	C	H	I	A
R	N	R	F	H	E	K	R	E	S	V	U
X	B	X	T	T	J	D	A	B	F	R	J
E	B	Y	I	J	L	N	H	E	D	E	G
Q	P	N	D	B	U	W	A	U	Y	V	I
B	E	K	K	J	O	L	M	Q	P	O	D
F	C	V	T	A	T	T	O	O	A	S	U

BULLETIN	OVERVIEW	ARRANGE
GRAHAM	QUEBEC	BRIDAL
MIGHTY	TATTOO	ITALY

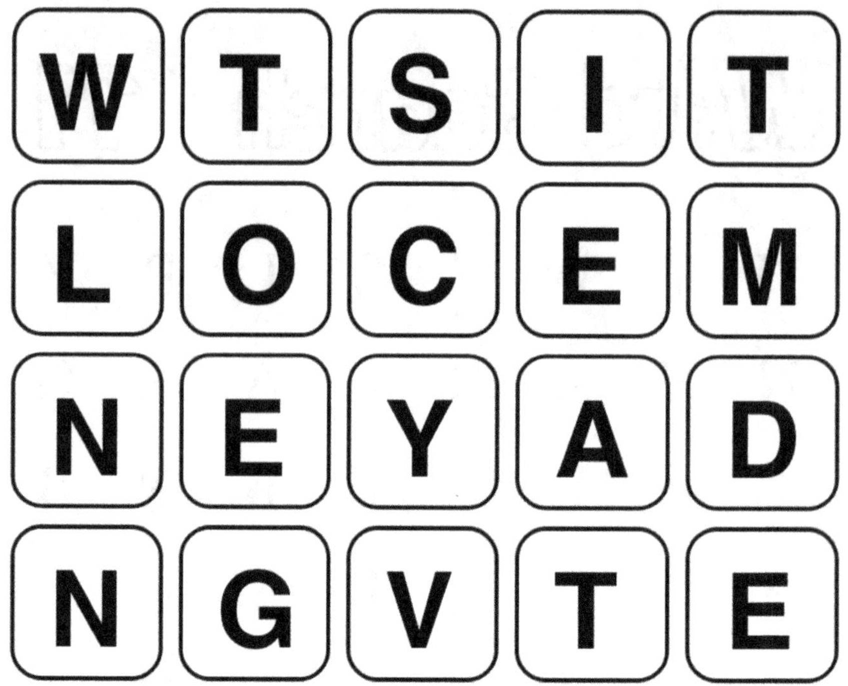

Challenges

Good: 6 words

Very Good: 16 words

Excellent: 30 words

Rules:

Words must have 4+ letters

Letters can only be used once

Each letter in a word must be next to the previous

Letters can be joined horizontally, vertically, or diagonally

I	S	N
I	C	G
H	W	T

Challenges

Good:

1 words

Very Good:

5 words

Excellent:

11 words

Rules:

Words must have 4 - 9 letters

A letter can only be used once

Center letter MUST be used

			4	6	3			
	8		2			3		1
2		3	5	1		6	4	
8		5		2	9		1	
7			8		6	9	2	5
9	2	6	1		4		8	
4		2			5			
	5	9	6	4	1	2	7	
	6			7	2			4

FINISH
START

Word-Search 12

M	Z	T	C	U	V	U	R	F	B	M	M
A	D	J	B	I	G	O	T	D	L	E	J
D	H	Y	G	D	S	N	I	N	P	S	J
E	E	S	U	N	U	C	Q	C	G	T	D
K	N	K	E	S	I	B	L	E	X	I	P
N	C	C	M	K	K	S	U	R	C	O	A
I	E	I	N	Q	I	L	I	N	G	R	T
L	M	G	P	G	M	L	A	R	P	E	C
H	A	R	D	W	O	O	D	T	M	H	E
O	K	Q	D	U	R	A	T	I	O	N	L
L	O	L	N	B	J	F	R	U	I	I	E
Y	P	C	C	M	N	D	T	P	B	V	F

HARDWOOD DURATION RISING

LINKED ELECT HENCE

TALKS PIXEL LIKES

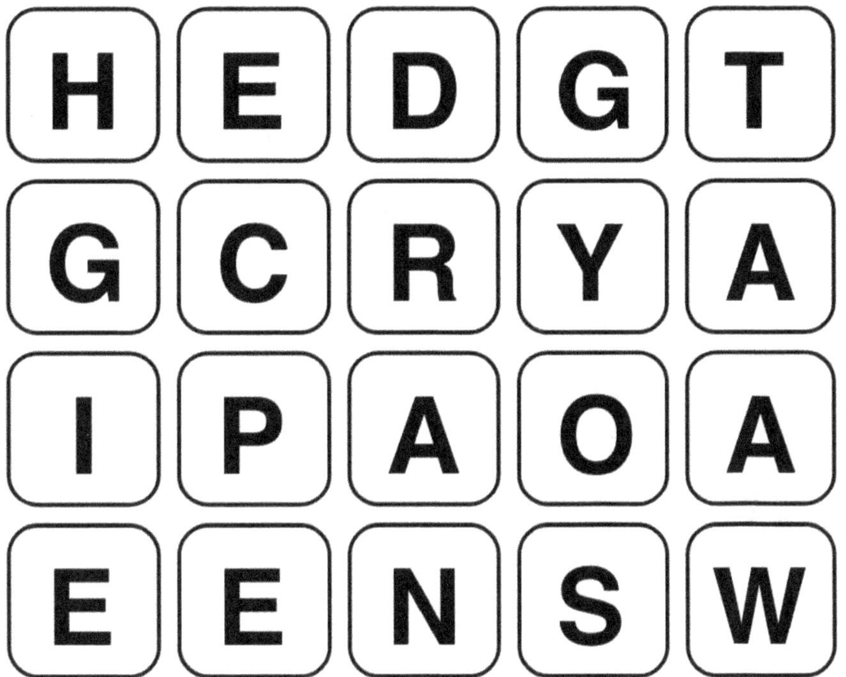

Challenges

Good: 6 words

Very Good: 16 words

Excellent: 29 words

Rules:

Words must have 4+ letters

Letters can only be used once

Each letter in a word must be next to the previous

Letters can be joined horizontally, vertically, or diagonally

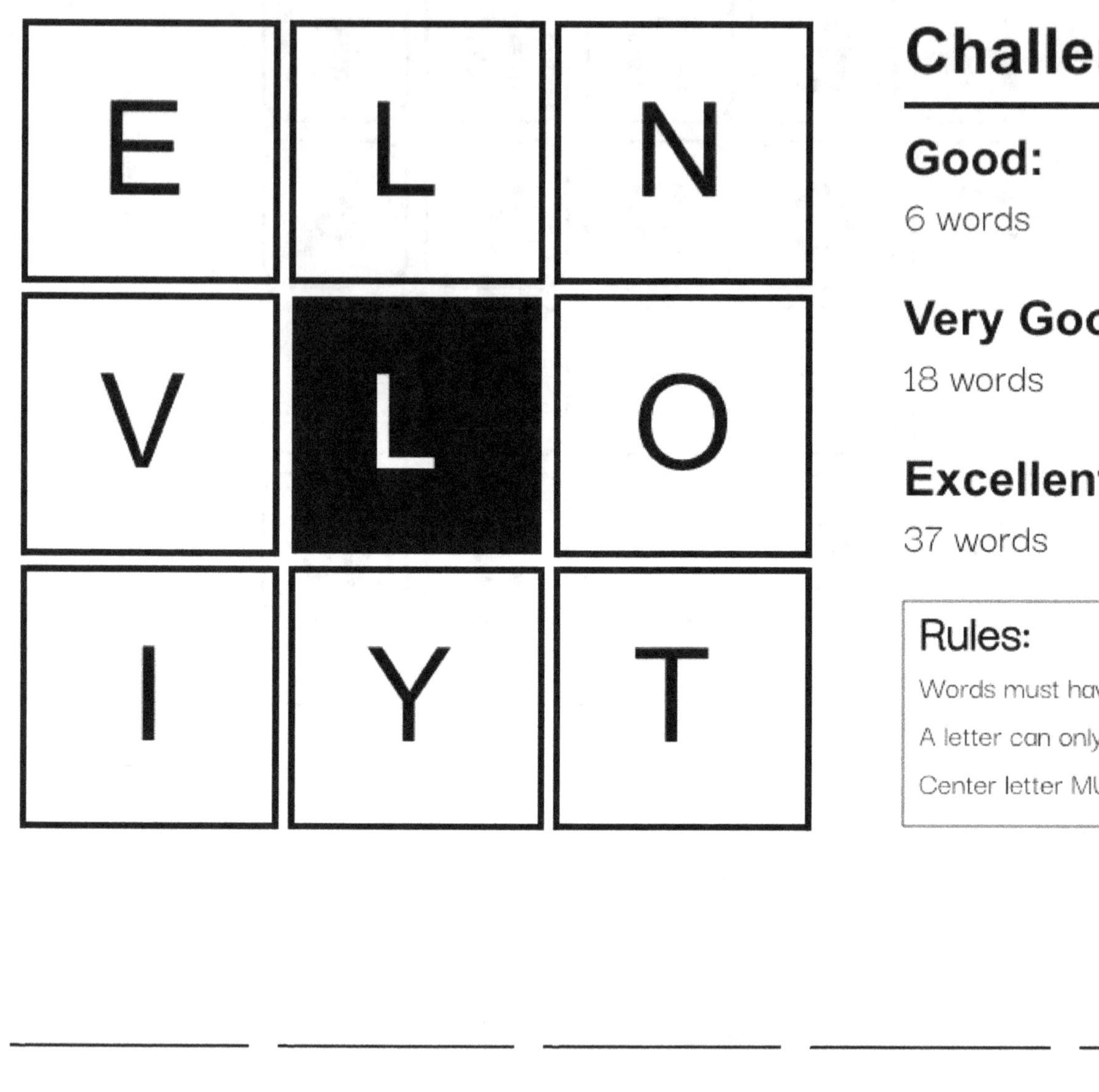

Challenges

Good:
6 words

Very Good:
18 words

Excellent:
37 words

Rules:
Words must have 4 - 9 letters
A letter can only be used once
Center letter MUST be used

7	3	8		6			2	
6	2	1		3	8			4
9		4		2	7			
3			2	9	1			
2	1		5	8		3	6	
	4			7	6	2		9
		3	8			6		
	9	6	7	4	2			
4	8		6	1			9	5

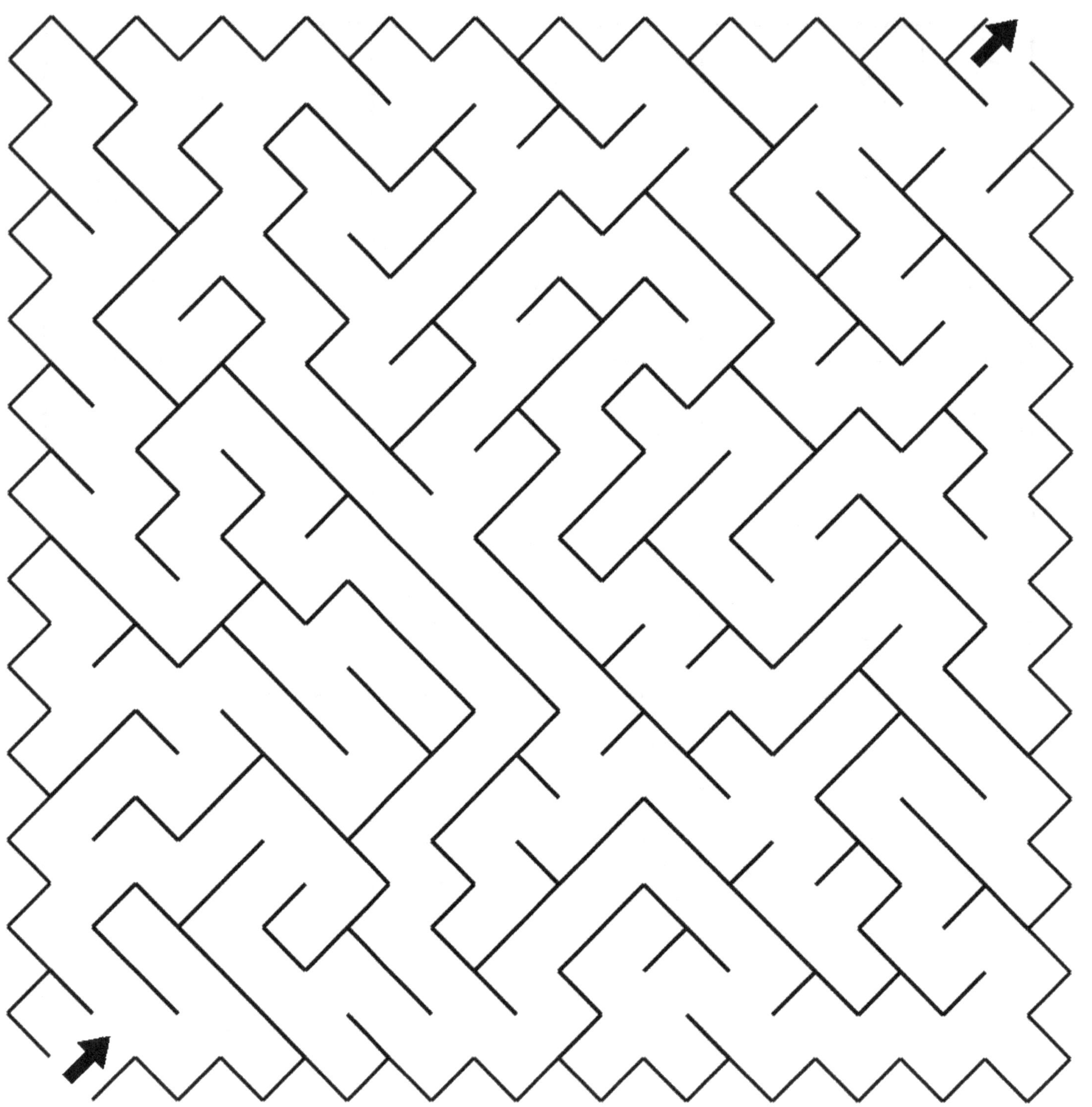

Word-Search 13

F	Y	F	S	M	E	A	S	I	E	R	K
P	K	R	B	C	E	D	N	A	L	S	I
S	E	U	E	I	B	E	G	C	E	D	V
P	E	T	Y	Q	N	P	W	G	N	O	B
R	P	T	S	I	D	G	R	A	B	D	S
O	I	V	W	L	Q	W	O	S	C	G	H
V	N	U	G	B	I	E	E	H	U	E	E
I	G	H	P	G	L	A	D	R	C	F	J
N	R	F	D	S	I	R	T	M	B	R	L
C	B	D	M	I	H	Q	G	E	M	E	M
E	E	V	Y	R	T	N	E	O	D	Y	H
Y	H	A	T	K	A	H	M	U	P	B	N

PROVINCE DETAILS KEEPING

ISLAND HEBREW EASIER

ENTRY DODGE BINGO

Challenges

Good: 9 words

Very Good: 23 words

Excellent: 42 words

Rules:

Words must have 4+ letters

Letters can only be used once

Each letter in a word must be next to the previous

Letters can be joined horizontally, vertically, or diagonally

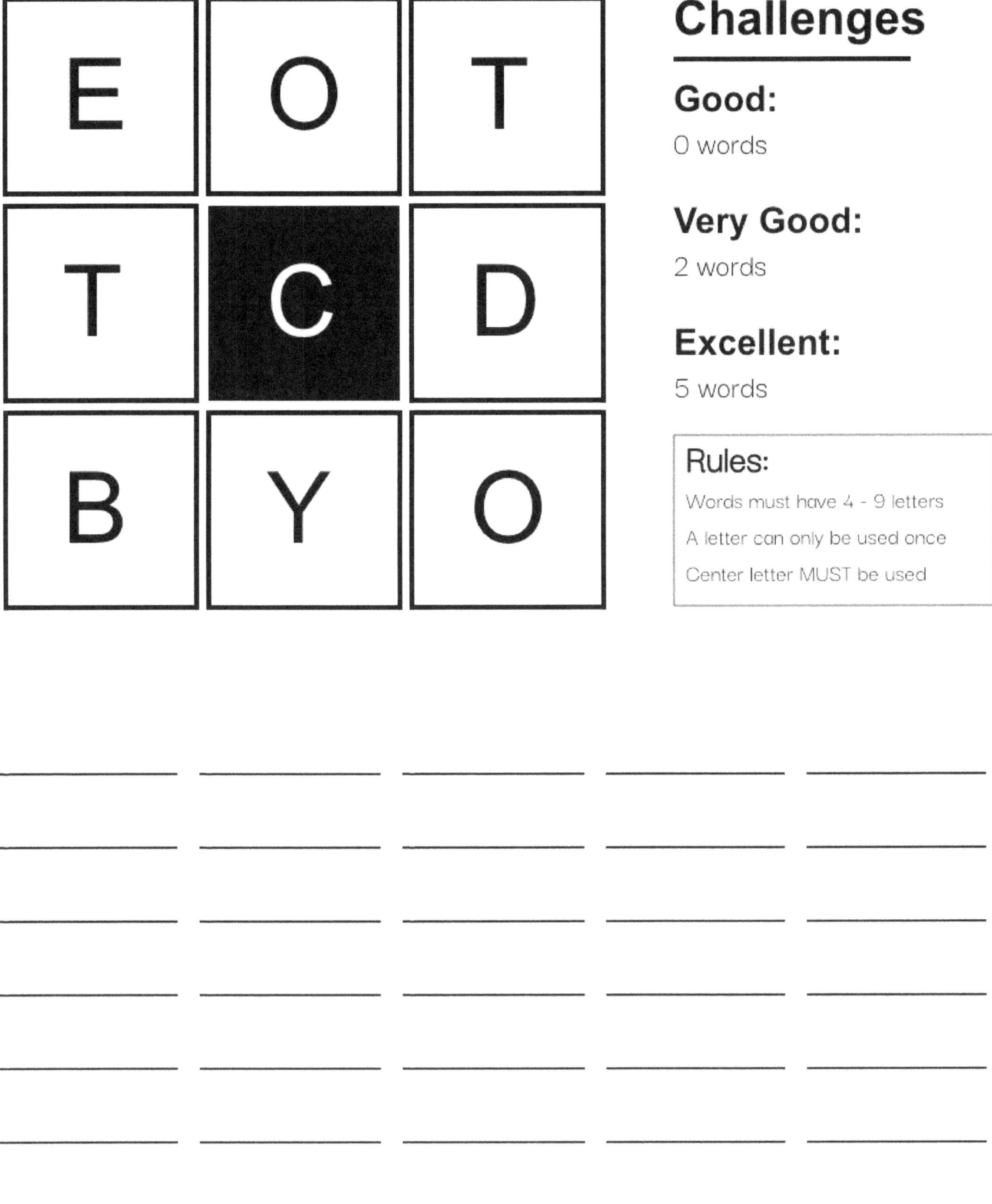

Challenges

Good:
0 words

Very Good:
2 words

Excellent:
5 words

Rules:

Words must have 4 - 9 letters

A letter can only be used once

Center letter MUST be used

4	2	3	7			5		8
7	9	1	8					3
		5		2	3		7	
			2	8		3	9	
	7	9	5	4			8	2
2		6		3	7		5	4
5			6	7		8		9
9				5	8	2	4	
6							1	

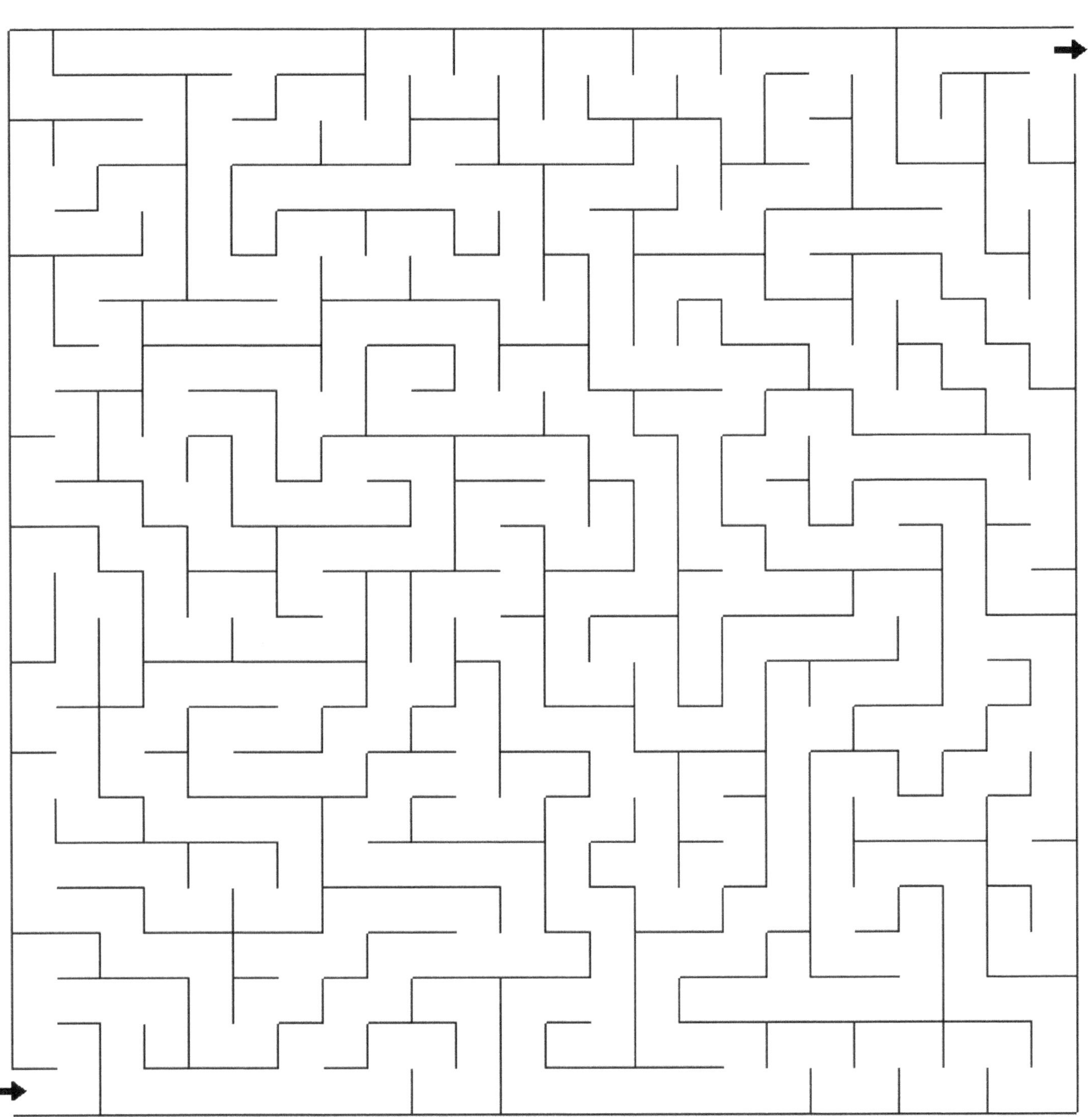

Word-Search 14

W	O	P	P	O	S	I	T	E	H	K	S
L	P	T	S	E	U	Q	E	V	A	T	A
O	Y	K	S	H	K	S	N	K	F	L	W
N	T	A	G	G	N	S	E	M	S	U	L
O	H	S	C	M	N	U	Y	T	M	J	U
S	O	E	E	V	H	I	V	A	M	T	F
S	N	P	G	F	U	F	D	N	S	F	S
C	I	E	P	A	E	Y	I	N	Y	S	D
I	C	R	H	T	M	G	F	B	I	G	E
R	N	E	H	Z	H	I	S	B	O	F	M
E	J	L	T	T	L	Y	S	B	D	R	W
J	I	F	G	R	E	A	T	E	S	T	M

FINDINGS	GREATEST	ERICSSON
OPPOSITE	ESSAYS	PYTHON
NIGHT	IMAGE	QUEST

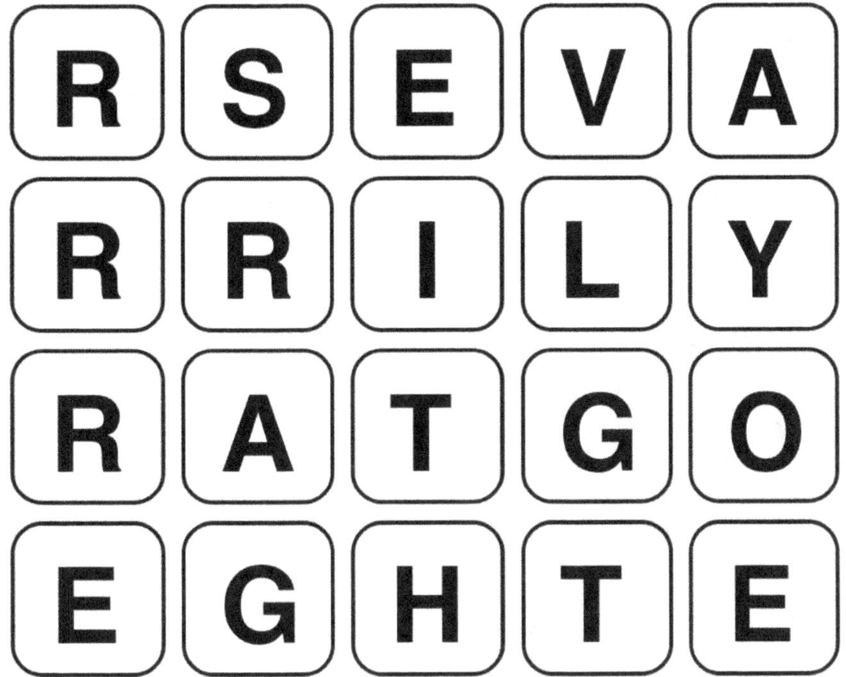

Challenges

Good: 8 words

Very Good: 19 words

Excellent: 35 words

Rules:

Words must have 4+ letters

Letters can only be used once

Each letter in a word must be next to the previous

Letters can be joined horizontally, vertically, or diagonally

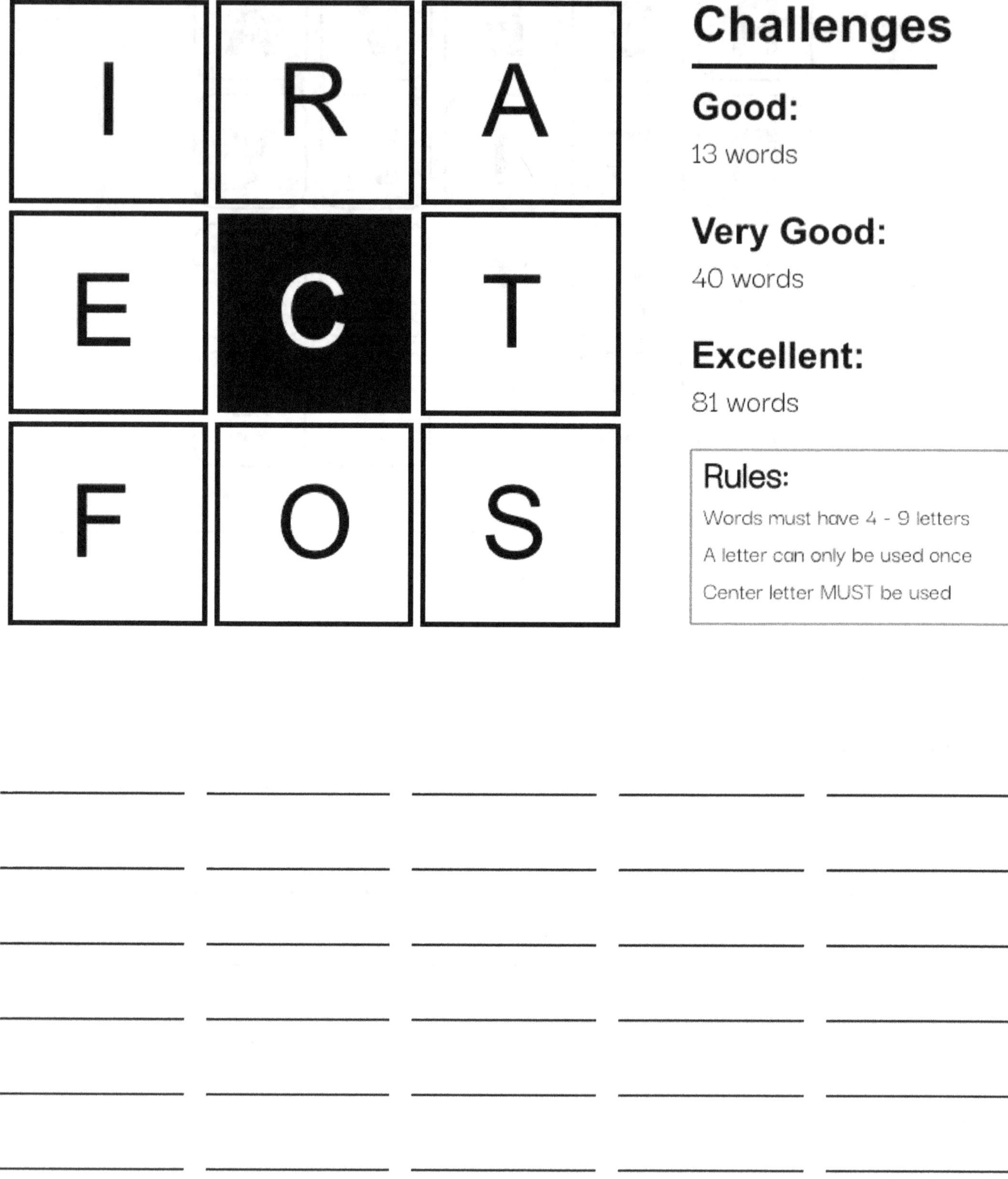

Challenges

Good:
13 words

Very Good:
40 words

Excellent:
81 words

Rules:
Words must have 4 - 9 letters
A letter can only be used once
Center letter MUST be used

		8				5		7
		7	9	1	6			4
		3	7	5			1	2
2	6			8		9		3
3		4				2	7	8
	7	9	3					5
	4	2	8		3	7		
	8					3	2	9
		6			5	4	8	1

FINISH
START

Word-Search 15

T	S	A	S	F	A	G	Y	J	K	B	N
O	F	R	C	U	I	F	Y	N	Y	O	V
P	S	A	A	N	F	F	I	R	E	R	G
T	I	F	L	E	J	S	T	R	U	O	Q
I	R	U	C	O	S	S	J	Y	M	U	I
M	R	J	C	A	C	D	F	N	J	G	I
U	O	I	N	W	N	K	A	F	E	H	Y
M	M	Y	O	O	V	S	E	K	M	T	P
M	S	S	S	B	Y	B	M	D	H	C	C
G	J	D	S	L	E	E	F	P	R	U	V
B	U	J	N	E	R	V	E	R	N	D	W
H	J	N	G	F	S	Q	O	N	V	W	U

BOROUGH	OPTIMUM	NISSAN
LOCKED	MORRIS	HUDSON
FEELS	NERVE	FIFTY

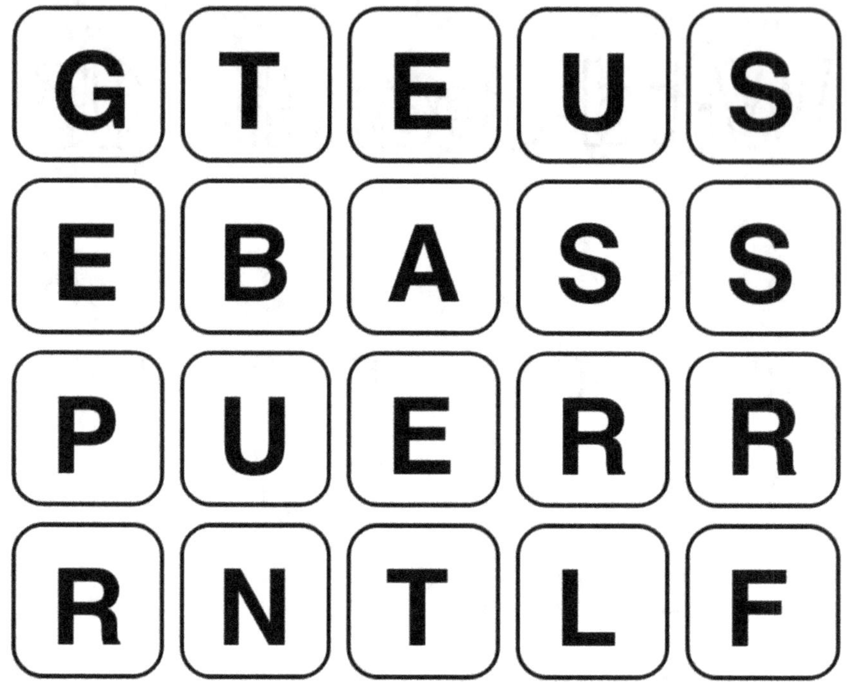

Challenges

Good: 7 words

Very Good: 17 words

Excellent: 31 words

Rules:

Words must have 4+ letters

Letters can only be used once

Each letter in a word must be next to the previous

Letters can be joined horizontally, vertically, or diagonally

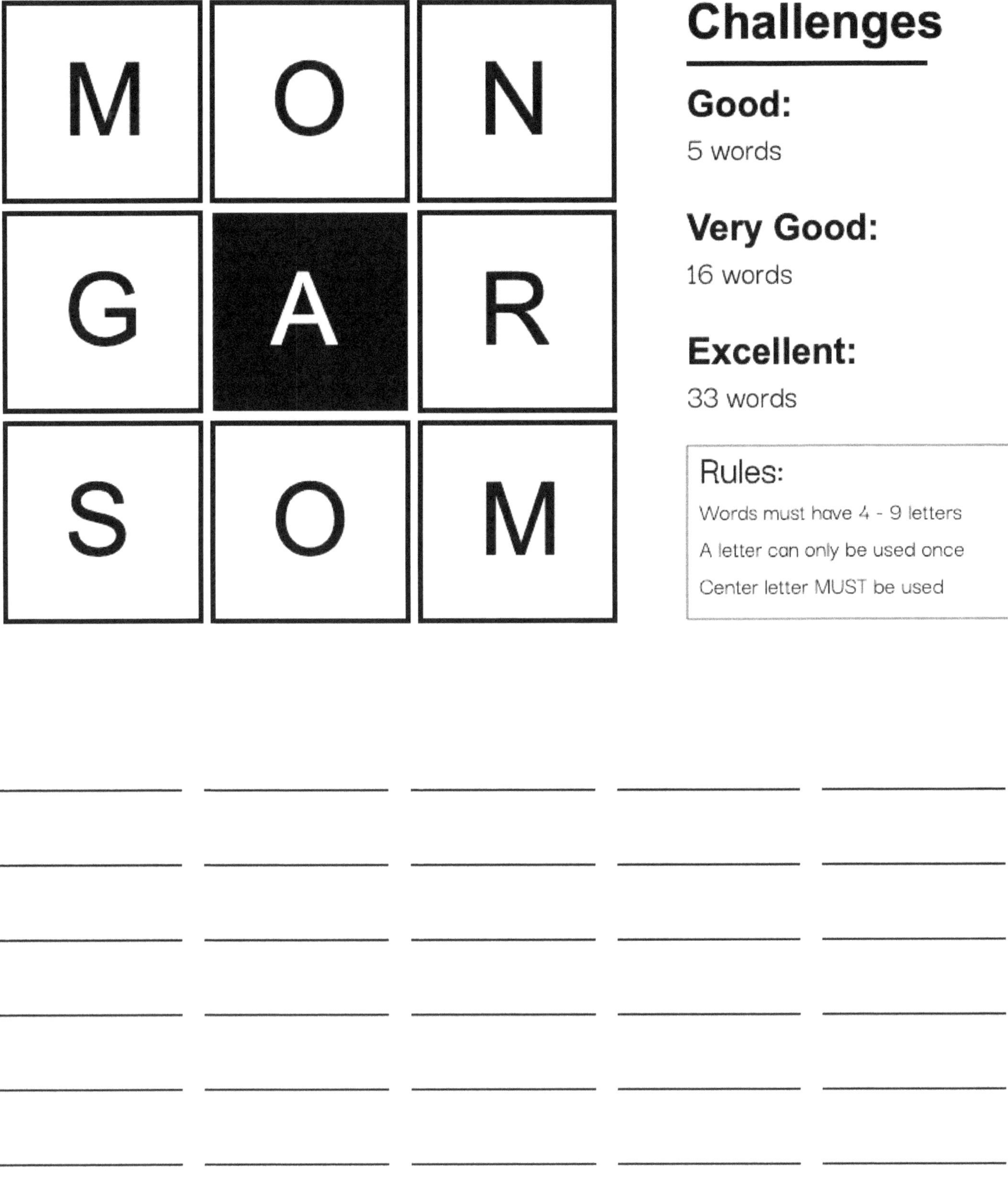
M O N
G A R
S O M
Challenges
Good:
5 words
Very Good:
16 words
Excellent:
33 words
Rules:
Words must have 4 - 9 letters
A letter can only be used once
Center letter MUST be used

				8	2			1
3		6		7		5	2	4
1	5		6		4	9		
							4	6
6	4		2	5		8	1	
	2	1		6				7
	7			2	6		9	
5	6	3	7	1				2
2		9			5			

Wird-Search 16

J	F	C	Q	F	O	L	D	E	R	S	P
K	J	K	E	T	J	T	W	T	E	B	A
C	M	U	L	Y	J	F	U	F	H	U	V
O	I	N	K	U	Q	B	R	H	J	W	I
N	T	G	A	D	M	A	P	O	T	L	L
C	C	K	T	V	M	U	N	W	E	T	I
E	I	B	Q	E	A	A	R	P	K	S	O
R	V	P	D	H	T	L	S	B	H	I	N
T	I	H	D	H	F	O	J	B	Y	W	V
L	L	P	A	L	G	F	B	C	Q	G	R
O	Q	N	A	D	D	E	C	I	T	O	N
W	P	K	S	B	K	H	D	T	G	Q	I

JONATHAN PAVILION FOLDERS

NOTICED CONCERT FRAMED

VICTIM GOSPEL NAVAL

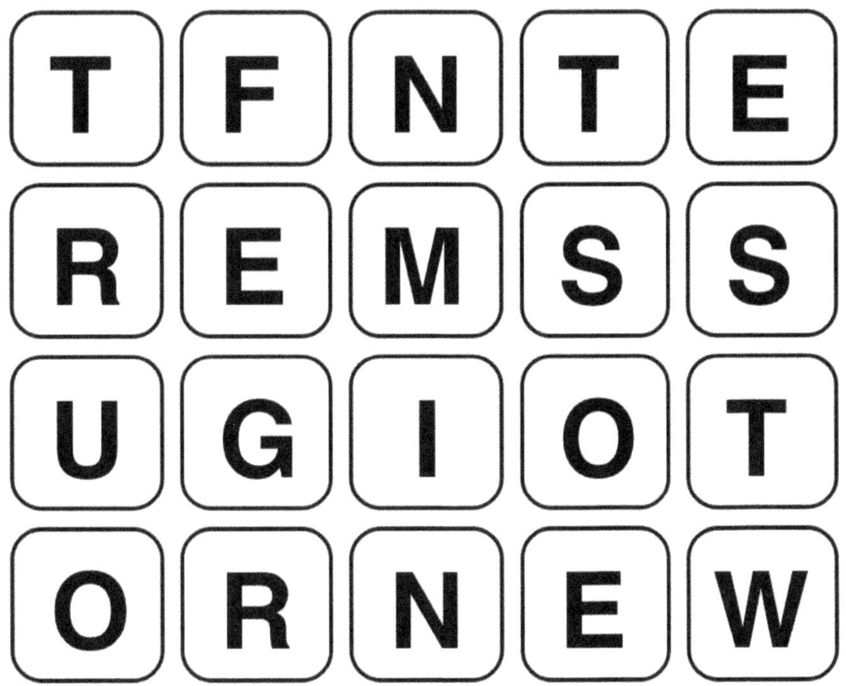

Challenges

Good: 7 words

Very Good: 18 words

Excellent: 34 words

Rules:

Words must have 4+ letters

Letters can only be used once

Each letter in a word must be next to the previous

Letters can be joined horizontally, vertically, or diagonally

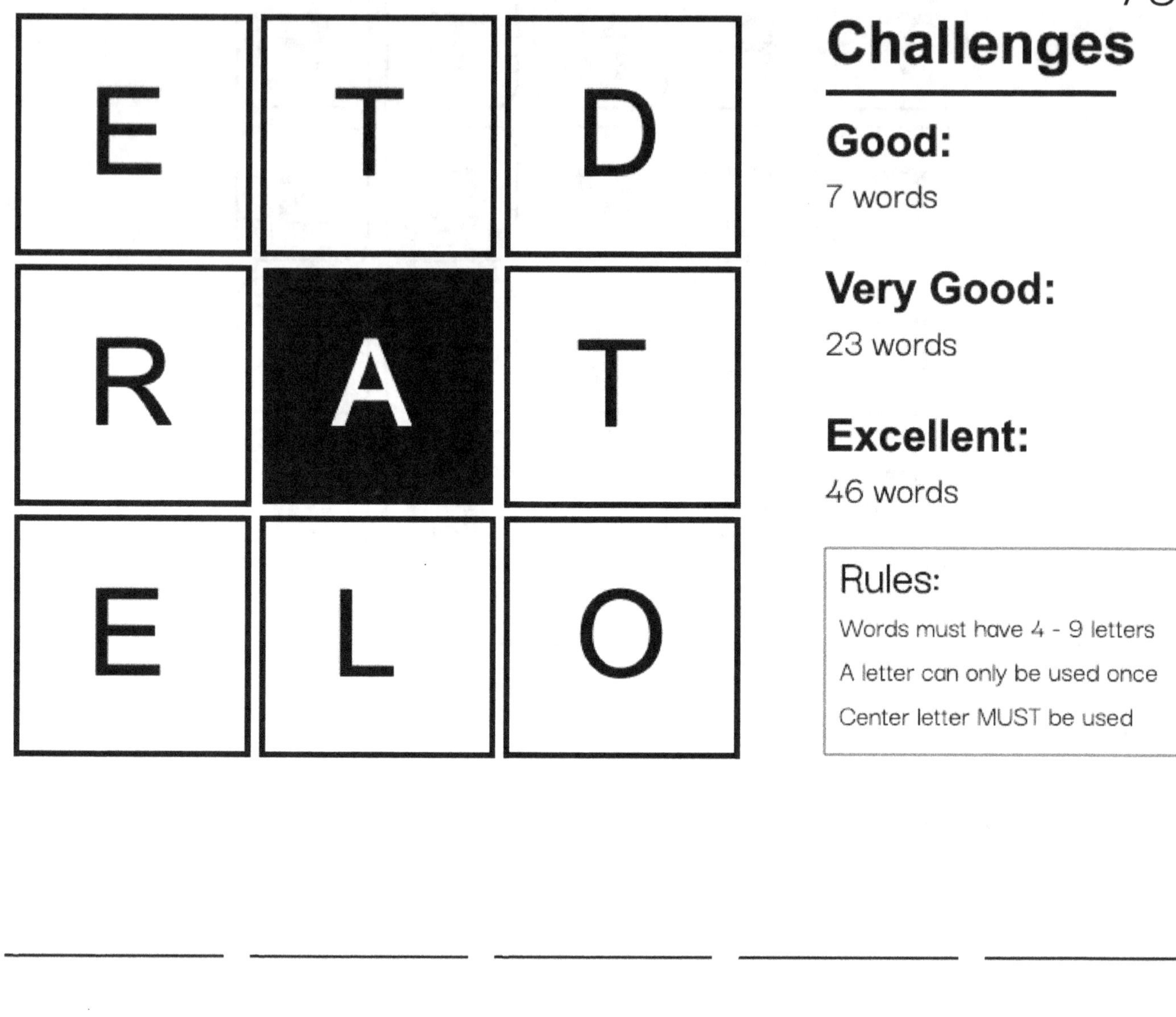

Challenges

Good:

7 words

Very Good:

23 words

Excellent:

46 words

Rules:

Words must have 4 - 9 letters

A letter can only be used once

Center letter MUST be used

4	6					1	5	
		3		1	5	6		
2		5	4			7	9	
	4	6	7	8			1	9
	9	7	5					
3	2	1		4	9	8		
		9		7		3		8
		2					6	1
	3	4		9				7

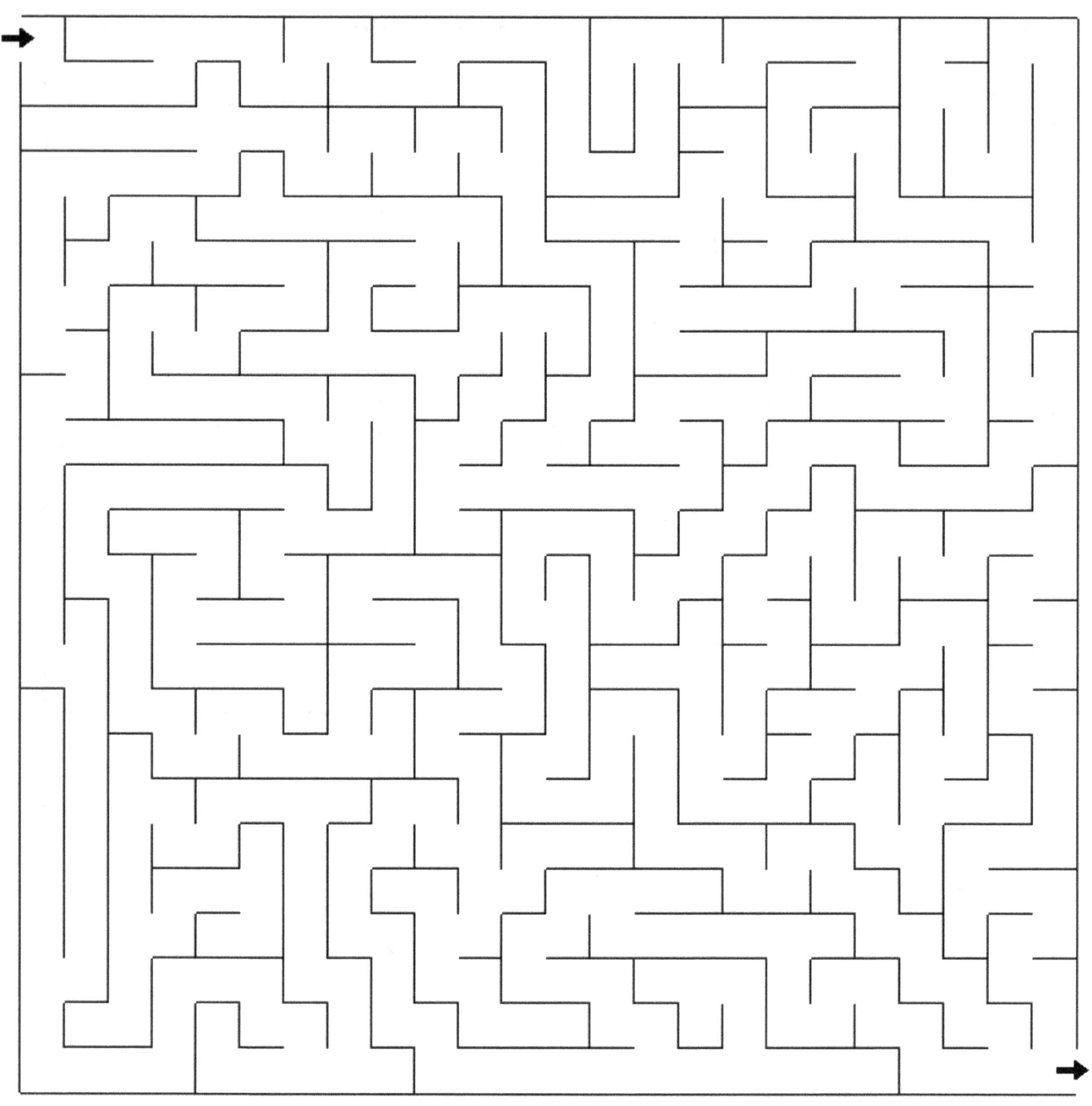

Word-Search 17

K	H	C	O	U	T	P	U	T	H	J	K
I	A	H	U	C	K	Q	F	H	J	N	A
D	N	Y	O	S	G	A	V	B	G	E	V
E	D	S	Y	R	V	I	I	K	P	Y	Y
H	S	Q	T	D	R	G	D	D	Y	Q	A
C	Q	W	M	P	G	O	O	E	L	H	T
U	W	S	W	E	E	T	R	T	R	Q	O
O	O	S	S	W	A	C	F	I	A	T	U
T	L	T	E	B	C	O	C	W	E	F	A
T	E	A	M	M	V	O	V	A	Y	V	V
H	U	O	V	R	E	C	I	G	O	L	P
N	C	N	C	F	F	N	U	P	I	N	B

ACCEPTS BIGGEST TOUCHED
OUTPUT HORROR YEARLY
COMBAT HANDS LOGIC

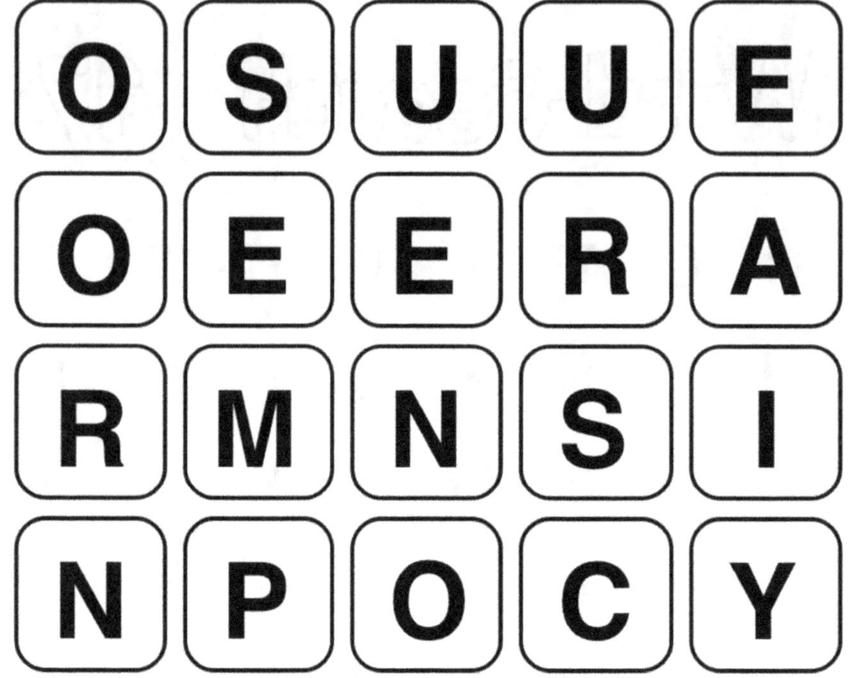

Challenges

Good: 6 words

Very Good: 16 words

Excellent: 29 words

Rules:

Words must have 4+ letters

Letters can only be used once

Each letter in a word must be next to the previous

Letters can be joined horizontally, vertically, or diagonally

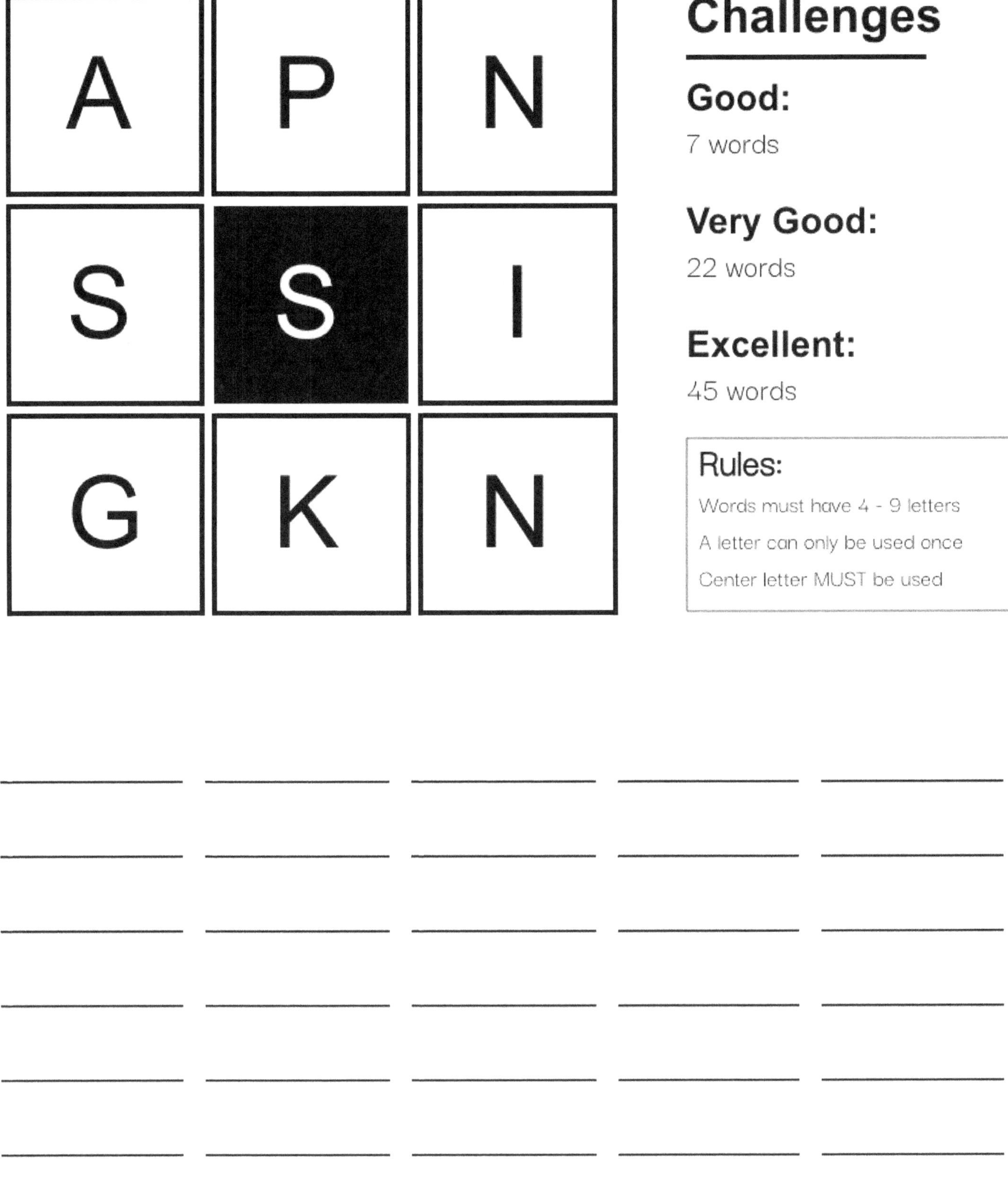
A
P
N
S
S
I
G
K
N
Challenges
Good:
7 words
Very Good:
22 words
Excellent:
45 words
Rules:
Words must have 4 - 9 letters
A letter can only be used once
Center letter MUST be used

9				4		3	5	
		4	1	2	5		7	9
		6	3	8			1	
3	4	7	9	6		8	2	5
	6				8			4
	8	9			4			
6				9				
4	9		7	5		1		6
2	7	8		1	6	5	9	3

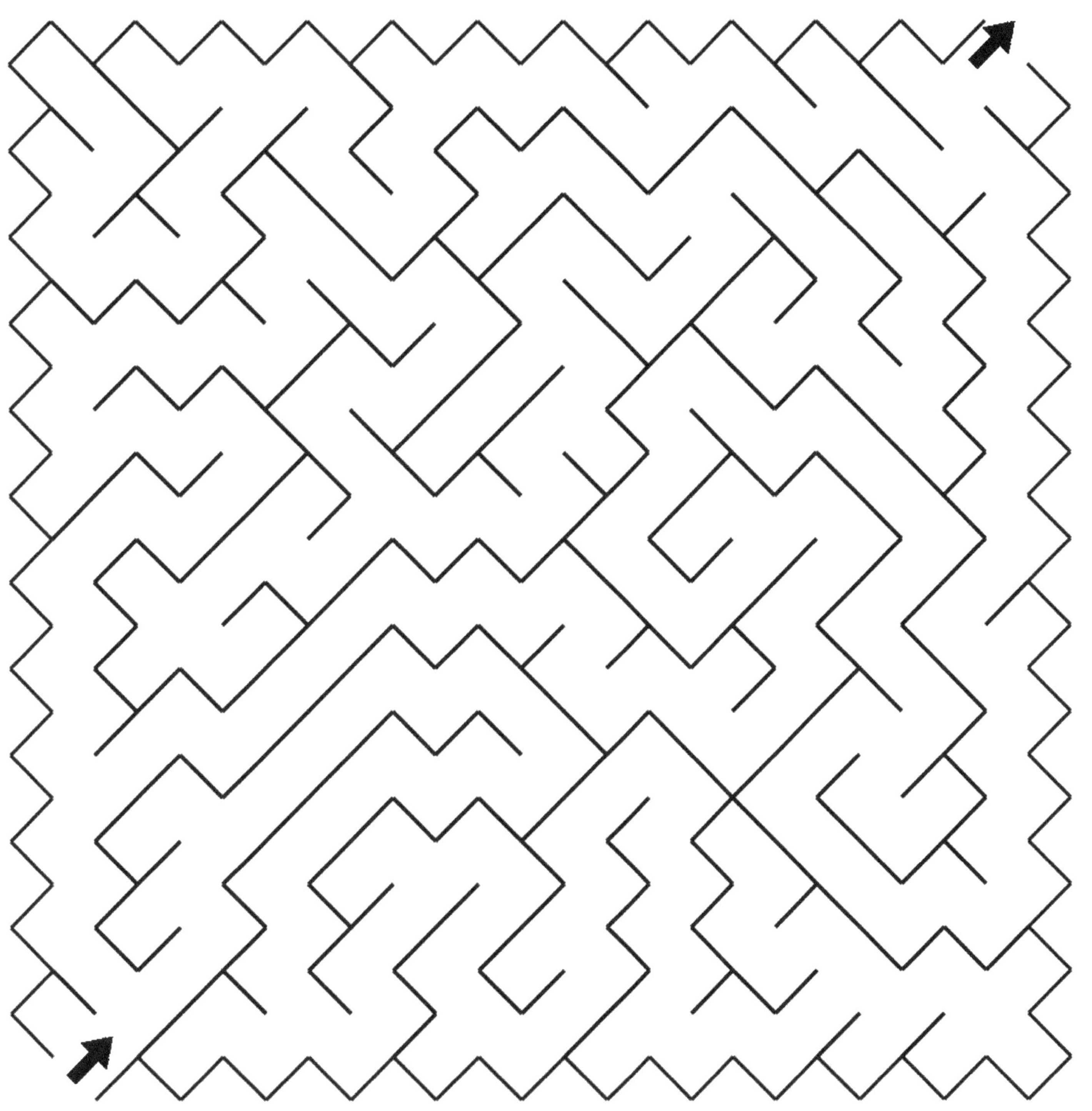

Word-Search 18

T	S	G	E	R	U	S	S	A	D	Y	K
R	D	E	W	X	W	L	T	V	W	S	J
A	E	D	N	S	E	L	L	I	N	G	F
N	E	H	T	J	W	C	A	A	D	Q	R
S	L	P	T	O	V	N	Q	E	D	E	T
I	Y	I	W	I	S	H	T	G	L	W	N
T	R	C	K	S	B	S	U	A	D	U	E
G	E	E	E	L	E	R	T	R	E	A	M
B	U	C	R	N	C	E	O	Q	T	A	E
I	Q	A	Y	R	S	F	A	J	J	H	S
W	S	Q	N	M	M	R	C	H	F	R	A
P	L	J	J	J	E	L	T	N	E	G	B

BASEMENT RELATES SELLING

TRANSIT GENTLE ASSURE

NESTED QUERY ORBIT

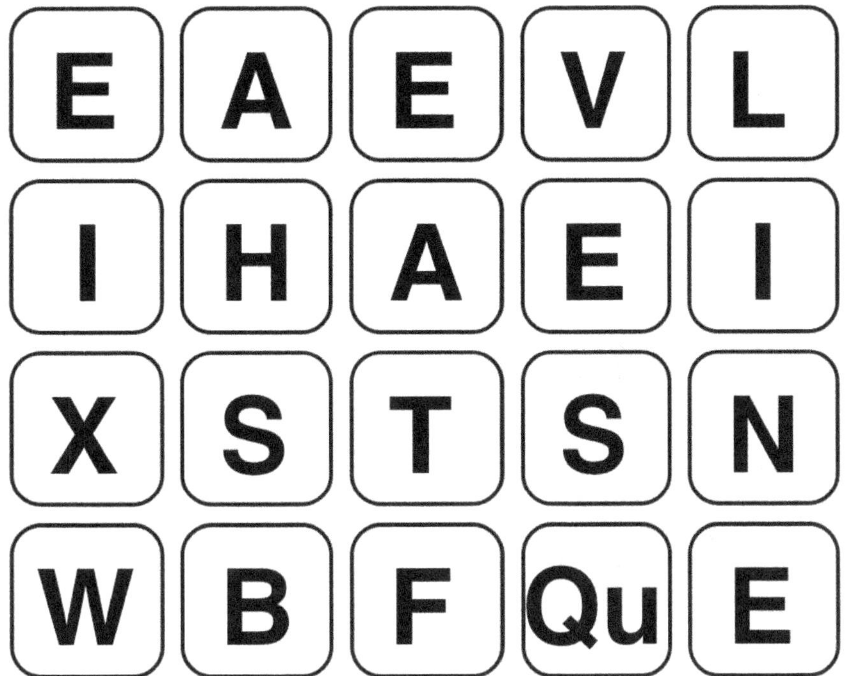

Challenges

Good: 6 words

Very Good: 16 words

Excellent: 29 words

Rules:

Words must have 4+ letters

Letters can only be used once

Each letter in a word must be next to the previous

Letters can be joined horizontally, vertically, or diagonally

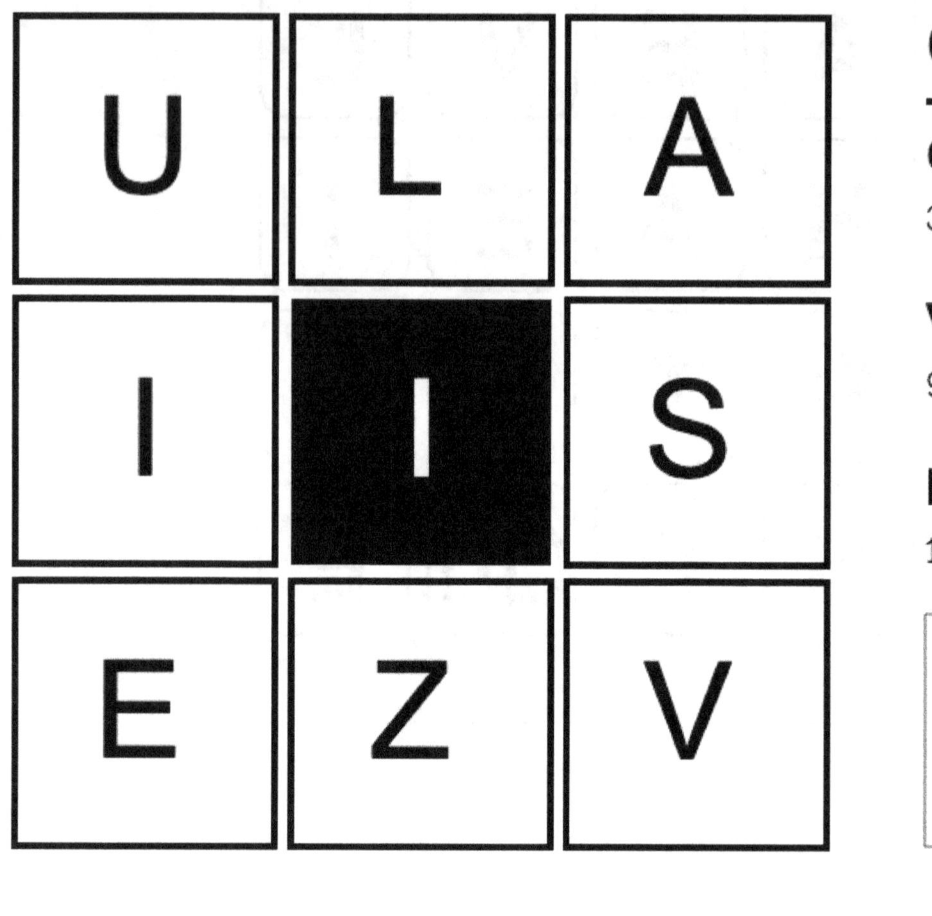

Challenges

Good:

3 words

Very Good:

9 words

Excellent:

19 words

Rules:

Words must have 4 - 9 letters

A letter can only be used once

Center letter MUST be used

2				3	6	9		
6	9	4	7	2	1	5	8	3
	5	3	9				7	
	8	6	1	7		4		5
	1	9	2				3	
	2				3			
9	4		6			3	5	1
		7			5			
5	3	1			2			

Word-Search 19

S	M	I	L	I	E	S	K	Y	M	I	F
M	B	R	H	R	V	O	R	O	L	E	G
J	J	E	U	G	J	G	N	U	K	B	Y
W	E	V	H	D	S	T	G	F	A	G	A
S	S	E	P	I	H	A	K	R	K	O	C
R	S	N	U	K	N	N	B	U	T	O	D
E	I	G	B	D	P	A	O	S	G	T	K
T	C	E	A	U	D	P	O	S	L	T	Q
H	A	I	S	O	L	O	U	W	P	E	A
G	V	J	S	F	T	A	H	U	F	E	D
I	G	A	V	R	G	S	E	M	A	J	U
F	M	Y	T	G	W	H	G	C	T	O	C

BARBADOS	FIGHTERS	REVENGE
JESSICA	SMILIES	UGANDA
MONTH	EPSON	JAMES

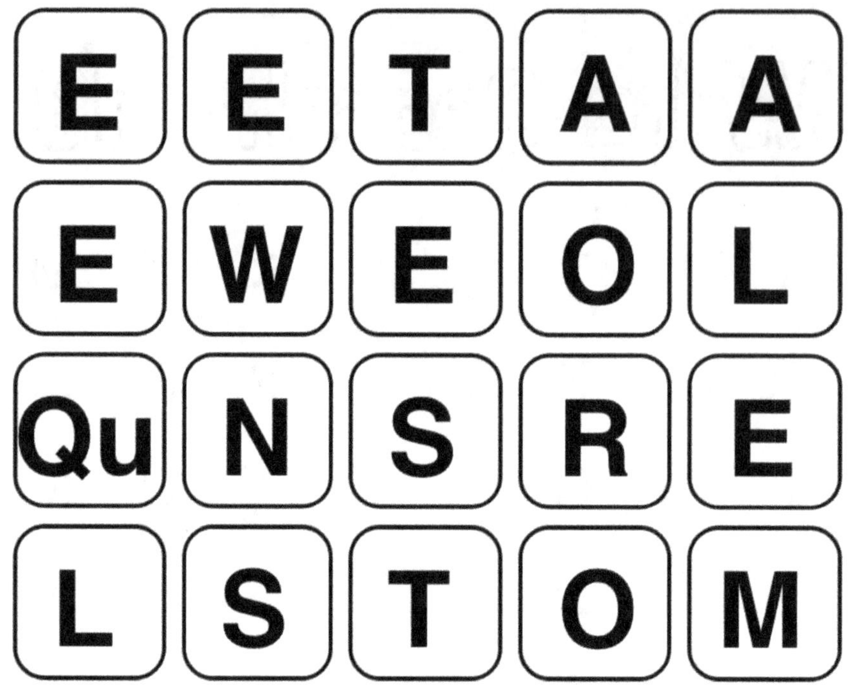

Challenges

Good: 6 words

Very Good: 15 words

Excellent: 28 words

Rules:

Words must have 4+ letters

Letters can only be used once

Each letter in a word must be next to the previous

Letters can be joined horizontally, vertically, or diagonally

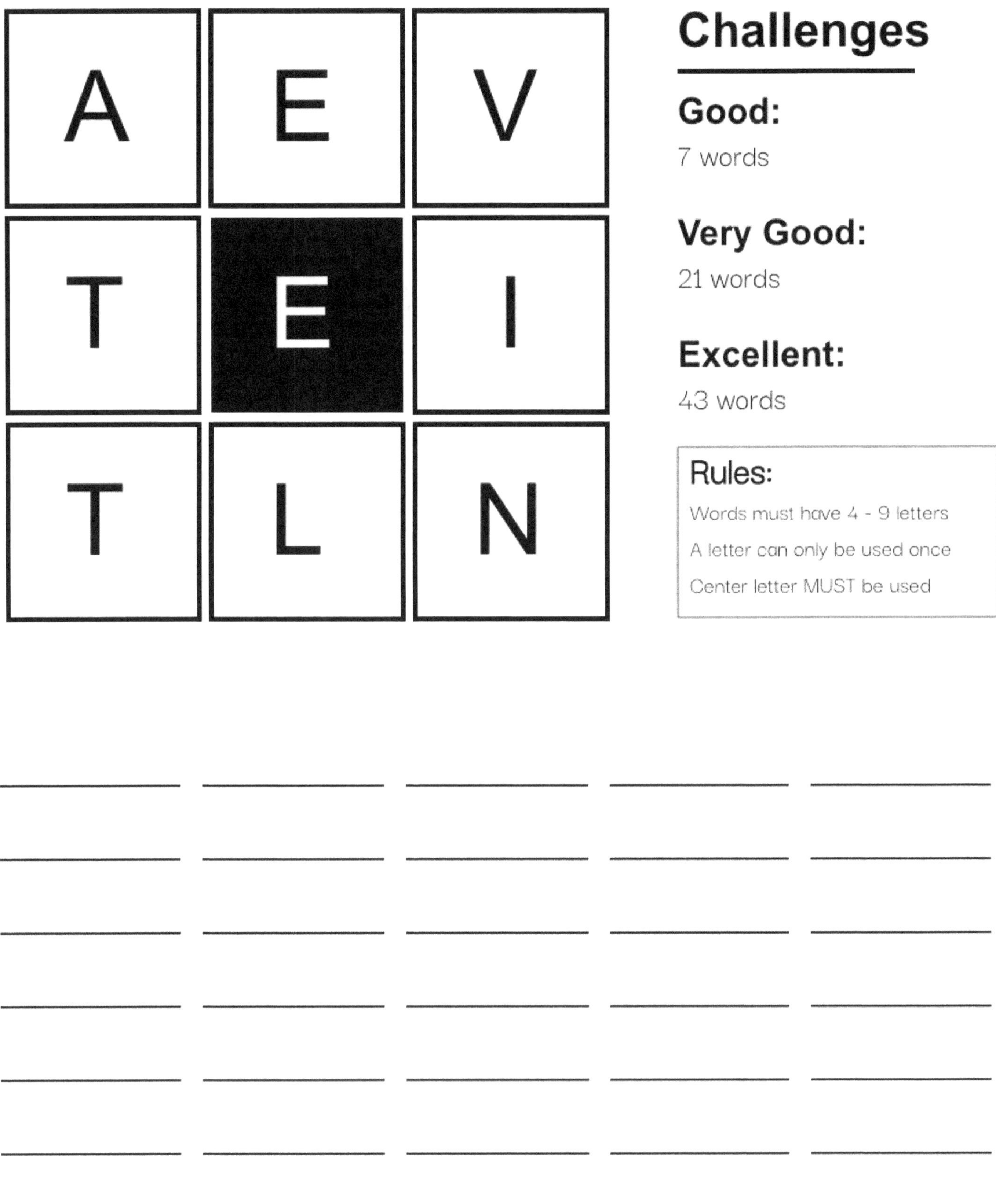
A
E
V
T
E
I
T
L
N
Challenges
Good:
7 words
Very Good:
21 words
Excellent:
43 words
Rules:
Words must have 4 - 9 letters
A letter can only be used once
Center letter MUST be used

	2	6		3	5			
9	1	5		4	6		3	
3			7			5		9
		2	5		3	9		
	3	9			2	8		
5		8			4	6		3
8				6			5	1
			4	1	8	2	9	
2			3		7		8	

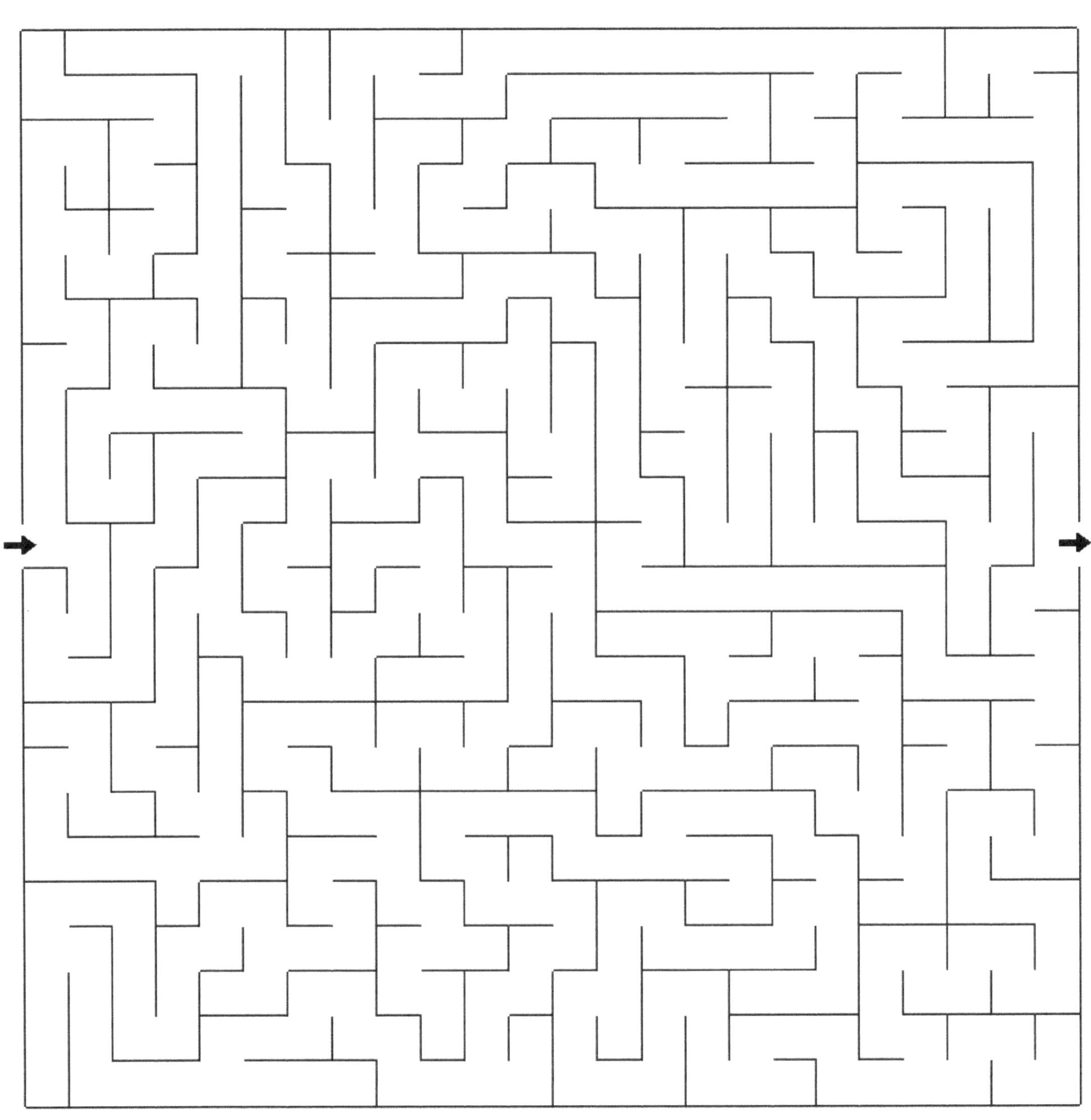

Word-Search 20

J	T	Q	W	W	C	T	A	E	K	B	K
Q	V	M	F	C	U	O	V	Q	C	B	H
A	K	E	M	W	E	Y	D	R	J	R	S
G	E	I	C	L	A	I	F	W	V	N	B
N	L	J	E	T	R	O	Q	W	I	R	M
I	L	F	H	D	O	Y	T	H	A	P	S
L	Y	P	A	Q	O	R	H	S	B	T	Y
B	W	M	E	R	V	I	S	Q	L	N	D
A	Y	E	R	U	S	O	L	C	J	A	E
N	Q	O	I	R	A	T	N	O	I	I	Q
E	F	A	C	I	L	I	T	Y	E	G	Q
I	O	B	C	F	D	V	H	V	T	W	L

ENABLING FACILITY ONTARIO

CLOSURE VECTOR MADRID

GIANT KELLY BRASS

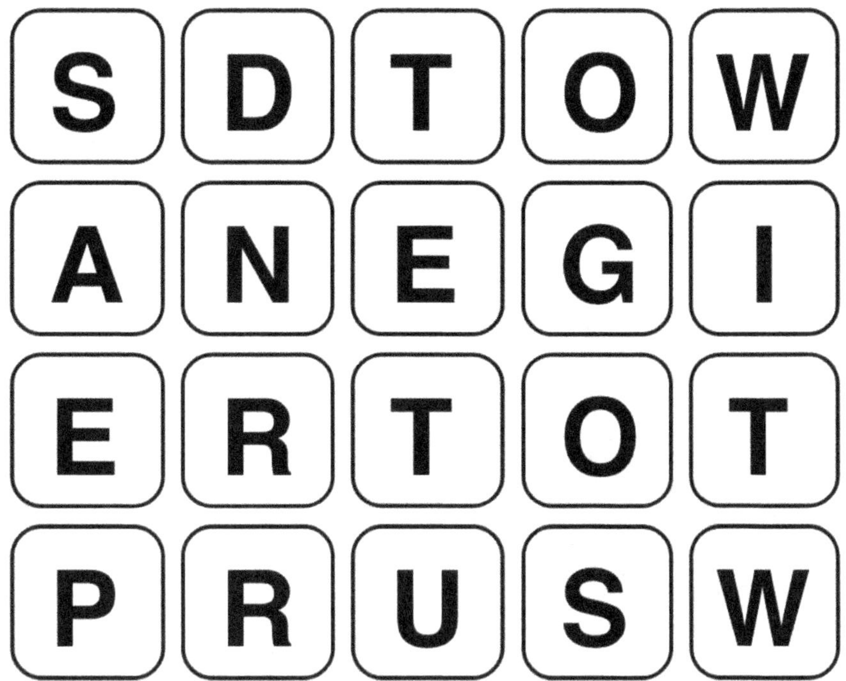

Challenges

Good: 7 words

Very Good: 18 words

Excellent: 34 words

Rules:

Words must have 4+ letters

Letters can only be used once

Each letter in a word must be next to the previous

Letters can be joined horizontally, vertically, or diagonally

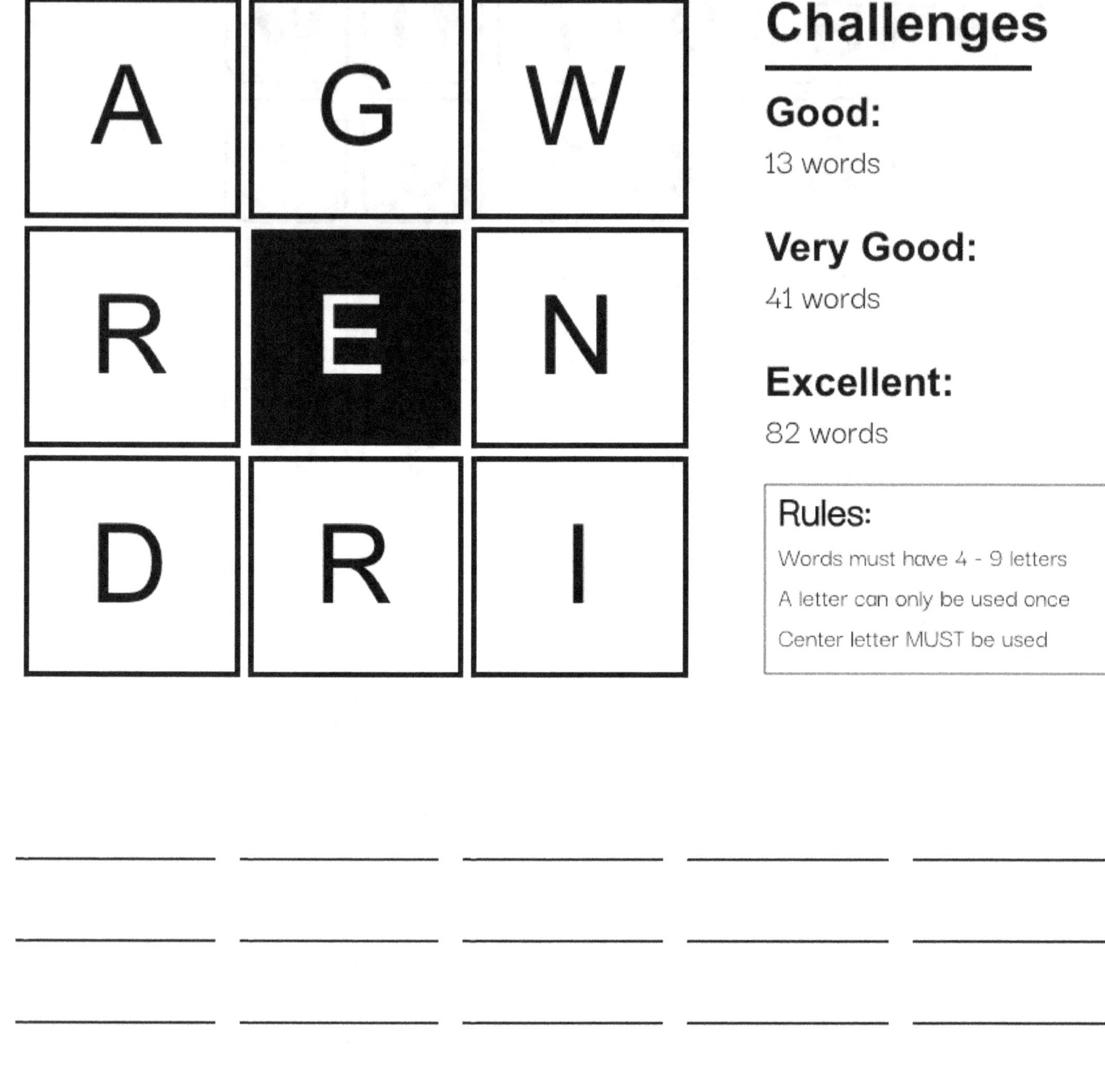
A
G
W
R
E
N
D
R
I
Challenges
Good:
13 words
Very Good:
41 words
Excellent:
82 words
Rules:
Words must have 4 - 9 letters
A letter can only be used once
Center letter MUST be used

3	8			7	9	6	1	4
7	1	4	5			9	2	3
9		2						
	3		9	1		2	8	
8	5				4		3	
6	2			3			4	5
	4		8		7	3		1
	9	3						
5		8	3	6	1	4	9	

FINISH
START

Solution 1

K	F	U	T	U	R	E	S	P	E	H	Y
H	H	S	I	S	T	X	Z	P	O	I	F
R	W	E	M	J	A	I	S	W	U	Q	B
E	I	D	M	N	A	O	Y	E	S	M	K
Q	V	M	U	S	R	M	V	T	P	B	B
B	M	Z	N	K	S	M	E	S	I	K	K
U	T	S	E	U	I	E	S	S	R	P	U
D	Y	L	L	M	K	J	U	U	I	L	Z
D	Y	F	M	J	M	Y	I	G	T	J	G
Y	M	H	A	I	D	N	I	J	S	J	K
F	A	T	Q	D	K	C	K	X	I	Z	X
L	B	U	L	T	I	M	A	T	E	M	B

ULTIMATE	SPIRITS	FUTURES
IMMUNE	KIJIJI	INDIA
JAMES	BUDDY	GUESS

Total: 131

AKIN ANTE AQUA AQUA ARSON ATKINS BAKE
BANE BANK BANS BANTA BARE BARN BARNS
BARON BARONS BARS BATA BATE BEAK BEAN
BEANS BEAR BEARS BEAT BEATNIK BENT BERATE
BERN EARN EARNS EARS EMOTION EMOTIONS EROS
ETNA HAKE HANK HANOI HARE HATE HEAR
HEARS HEAT HENS HERO HEROIN HERON HERONS
HERS IKON IKONS INTAKE IONS ITEM KAREN
KATE KITE KNIT KORAN KOREA KOREAN
KOREANS MEAT MOTE MOTET MOTION MOTIONS NEAR
NEARS NEAT NERO OPINE OPTION OPTIONS ORATE
ORNATE PIKE PINE PINK PINS PINT PITT
PITTA POTION POTIONS POTIOR QUAE QUAE QUAE
QUAKE QUANTA QUARE RAKE RANK RANT RATA
RATE REBATE RENO RENT SNAKE SNARE SNEAK
SNIP SNIT SNORE SOIT SONAR SONATA SORE
TAKE TANK TANS TARE TARO TAROK TAROS
TARS TEAT TEMP TEMPI TEMPO TEMPT TIKE
TINA TINE TINS TINT TOME TOMPKINS

4 Letter Words **Words: 20**

bend bent bode bond bone bote bout bunt
debt tube

5 Letter Words

boded boned bound debut doubt

6 Letter Words

bonded bunted

7 Letter Words

bounded doubted

8 Letter Words

9 Letter Words

undoubted

2	3	1	9	8	6	7	4	5
9	7	5	4	3	1	2	6	8
8	6	4	2	7	5	9	1	3
5	4	7	6	1	3	8	2	9
1	9	8	5	2	4	3	7	6
3	2	6	7	9	8	4	5	1
7	1	2	8	6	9	5	3	4
6	5	9	3	4	7	1	8	2
4	8	3	1	5	2	6	9	7

4

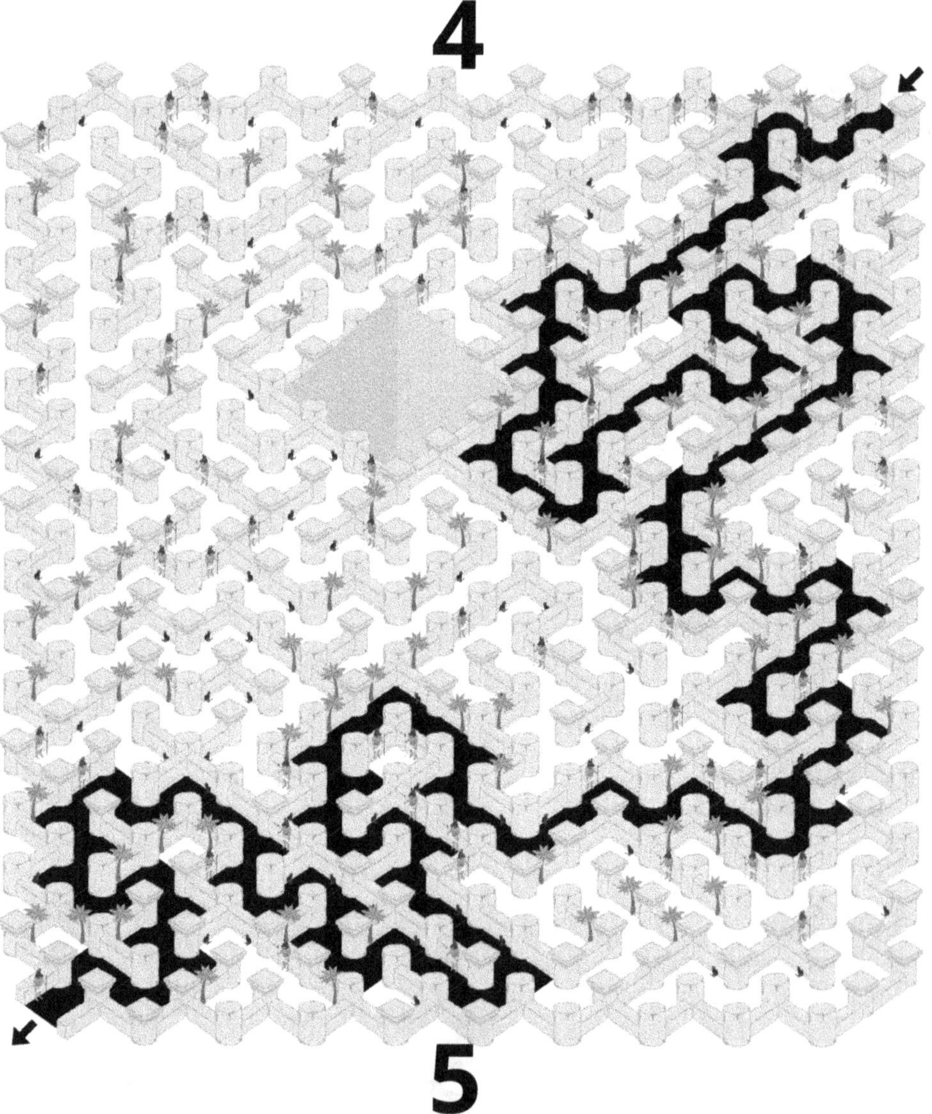

5

Solution 2

Y	S	N	O	S	D	U	H	F	S	O	J
N	A	L	E	Q	S	O	L	H	T	E	O
W	D	N	S	O	C	H	B	R	T	C	O
R	D	R	W	L	Y	B	E	T	F	E	F
O	A	D	U	M	E	B	B	I	O	D	M
T	M	R	B	I	M	K	N	N	E	L	K
E	B	H	A	E	G	A	C	U	Q	N	I
V	R	Q	M	Q	N	V	W	I	B	N	L
L	I	B	A	C	I	I	H	C	N	U	L
V	V	R	E	U	J	I	S	J	B	N	E
R	W	B	G	T	S	I	D	U	N	G	R
K	G	R	A	D	U	A	T	E	P	Q	B

GRADUATE FINANCE MEMBER

NICKEL NUDIST SADDAM

KILLER HUDSON WROTE

Total: 176

ACED	ACID	ADEN	ALES	ALTO	APICAL	ARENA	CAKE	CAKED
CAKES	CANE	CANED	CANES	CANKER	CANS	CANT	CANTLE	
CANTLES	CANTO	CEDAR	CENT	CENTAL	CENTALS	COAL	COALS	COAT
DARE	DARK	DARKEN	DARKENS	DEAL	DEALS	DEALT	DEAN	DEANS
DEAR	DECAL	DECALS	DECANT	DECO	DENS	DENSE	DENT	DENTAL
DHAKA	DICA	DICE	EARL	EELS	EKED	EKES	ENLACE	
ENLACED	HAEC	HAKE	HAKES	HARE	HARK	HARKED	ICED	IDEA
IDEAL	IDEALS	KALE	KAREN	KARL	KEEL	KEELS	KEEN	KEENED
KEENS	KNEAD	KNEE	KNEEL	KNEELS	KNEES	KNELT	LACE	LACED
LADE	LADEN	LAKE	LAKES	LANE	LANES	LANK	LANKA	LARK
LARKED	LEEK	LEER	LENS	LENT	LENTO	NAKED	NATO	NEAP
NEAR	NEAT	OAKEN	OCEAN	OCEANS	OEDIPAL	PAEAN	PAEANS	PARE
PARENS	PARENT	PARENTAL	PARK	PARKA	PARKED	PICA	PICOT	PIED
RADICAL	RADICALS	RADII	RAKE	RAKED	RAKES	RAPID	READ	REAE
REAL	REAP	REEK	REEKED	REEL	REELS	RENAL	RENT	RENTAL
RENTALS	SEEK	SEEN	SEER	SENT	SLAKE	SLAKED	SLANT	SLAT
SLAW	SLEEK	SLEEKED	SNAKE	SNAKED	SNEAK	SNEAKED	SNEAKER	SNEER
TACO	TAKE	TAKEN	TAKER	TAKES	TALE	TALES	TANK	TANKED
TANKER	TANS	TOED	WAKE	WAKED	WAKEN	WAKENED	WAKENS	WAKES
WALE	WALES	WALT	WANE	WANED	WANES	WANT		

4 Letter Words **Words: 36**

deli	emil	feel	file	film	fled	flee	idle
lend	lied	lief	lien	life	lime	limn	line
meld	mild	mile	neil	nile			

5 Letter Words

elfin elide field filed limed lined

6 Letter Words

defile feline filmed limine limned

7 Letter Words

infidel infield

8 Letter Words

fieldmen

9 Letter Words

minefield

1	3	2	6	5	7	9	4	8
6	8	5	2	9	4	7	1	3
4	9	7	1	3	8	6	5	2
5	4	3	7	8	1	2	6	9
2	6	9	5	4	3	1	8	7
7	1	8	9	2	6	4	3	5
3	2	6	4	7	5	8	9	1
9	5	4	8	1	2	3	7	6
8	7	1	3	6	9	5	2	4

9

10

Solution 3

Q	H	O	M	E	W	O	R	K	Y	K	K
U	W	L	B	N	J	K	T	G	A	W	R
E	L	W	I	W	O	A	G	T	Y	E	M
R	C	N	S	S	L	W	F	U	N	W	S
I	N	K	E	E	T	Q	H	O	K	B	E
E	D	S	N	A	J	I	R	E	G	R	C
S	E	T	G	A	R	M	N	U	R	I	R
T	G	I	F	L	A	E	E	G	L	E	E
D	N	E	T	L	W	J	S	Y	C	Y	T
K	A	Y	L	U	L	P	H	T	K	J	S
A	H	Y	J	H	S	I	N	L	T	T	J
O	C	Q	W	I	T	H	C	L	K	C	C

HOMEWORK NORMALLY LISTING

SECRETS NEAREST QUERIES

CHANGED NOWHERE TALENT

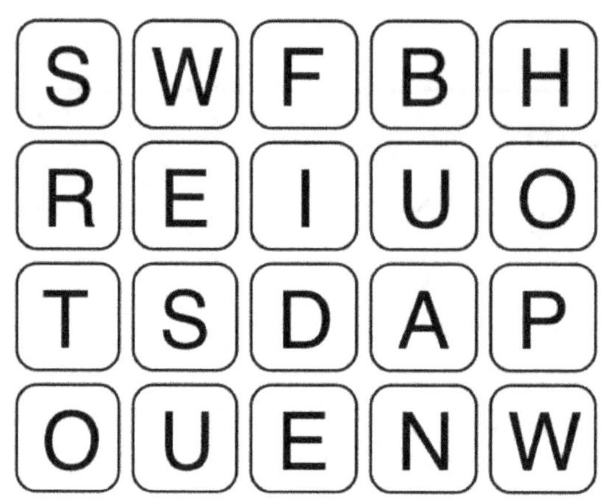

Total: 147

ADEN	AIDE	AIDER	AIDERS	AIDES	AIDS	ANDES
ANDS	AUDIS	BIDE	BIDES	BIDET	BIDETS	BIDS
BIER	BIERS	BUDS	DAIS	DAISES	DANE	DANES
DAUB	DAWN	DEAN	DEIST	DESERT	DEWS	DIANE
DIES	DIET	DIETS	DUES	DUOS	DUST	DUSTER
DUSTERS	EDEN	EDNA	ENDS	ESTER	ESTERS	ETUDE
ETUDES	FETUS	FIDE	FIDES	FIST	FISTED	HUIS
IDEA	IDES	NEAP	NEST	NESTED	NESTER	
NESTERS	NEUTER	NEUTERS	OBIS	OSIER	OSIERS	OUST
OUSTED	OUSTER	OUSTERS	OUTER	OUTS	OUTSIDE	
OUTSIDER	OUTSIDERS	OUTSIDES	PADS	PAID	PAIS	PANDER
PANDERS	PANE	PANED	PANES	PAWN	PAWNED	POUF
PUBIS	PUIS	REDS	REIF	RESIDE	RESIDUA	
RESIDUE	REST	SEAN	SEDAN	SEDER	SEDERS	SEISED
SEND	SENDER	SENDERS	SETS	SEWS	SIDE	SIDES
STEW	STEWS	STREW	STREWS	STUD	STUDIES	SUDAN
SUED	SUEDE	SWEDE	SWEDEN	SWEDES	TERSE	USED
USER	USERS	USES	WADE	WADER	WADERS	WADES
WADS	WADSET	WAIF	WAIST	WAND	WANDER	
WANDERS	WANDS	WANE	WANED	WANES	WEDS	WEST
WETS	WIDE	WIDEN	WIDER	WIDEST	WIFE	WISE
WISED	WISER	WISES	WREST			

4 Letter Words **Words: 25**

blur brig brim burg burl burn girl grim
grin grub lrun ring ruin rung

5 Letter Words

bring bruin burin ruing

6 Letter Words

luring nigrum ruling urging

7 Letter Words

8 Letter Words

burgling rumbling

9 Letter Words

grumbling

9	1	7	2	3	6	5	4	8
2	8	4	5	9	7	6	3	1
5	6	3	4	1	8	2	7	9
3	7	9	6	8	4	1	2	5
6	5	8	1	2	3	4	9	7
1	4	2	7	5	9	3	8	6
7	3	1	8	6	2	9	5	4
8	9	6	3	4	5	7	1	2
4	2	5	9	7	1	8	6	3

14

15

Solution 4

G	D	A	I	S	A	A	R	J	B	K	C
C	A	N	D	W	F	F	B	H	F	S	D
O	D	E	F	A	U	L	T	V	Y	Y	S
A	U	N	E	P	C	E	Q	L	L	N	U
B	P	L	A	V	I	W	N	L	L	D	U
T	Q	R	E	B	I	E	O	S	A	R	M
D	E	K	I	S	T	D	A	D	U	O	V
A	W	E	N	L	E	Q	E	I	Q	M	F
G	L	N	F	F	U	I	H	N	E	E	E
U	G	N	Y	T	T	U	D	F	C	E	H
G	G	Y	Q	K	N	I	G	H	T	E	D
M	U	S	T	A	N	G	H	H	B	T	N

EVIDENCE SYNDROME MUSTANG

DEFAULT EQUALLY KNIGHT

DIESEL APRIL KENNY

Total: 151

AROSE	ARTHUR	ARTIER	ARTS	ARUM	AWES	EARS	EARTH	EASE
EASES	EAST	EATS	EITHER	ERAS	ERASE	ERASES	ETHER	ETHERS
HARE	HART	HARTS	HATS	HAWS	HAWSE	HAWSES	HEAR	HEARS
HEARSE	HEARSES	HEART	HEARTIER	HEARTS	HEAT	HEATS	HEIR	HERS
HURT	LURE	LUTE	LUTHER	MUTE	OURS	OUTER	OVUM	OWES
RARE	RASE	RASES	RATS	RAWEST	REAE	REAR	REARS	REHEAR
REHEARS	REHEARSE	REHEARSES	REHEAT	REHEATS	RETIE	RETIRE	RETRO	RHEA
RHEAS	RITE	ROSE	ROSES	ROUT	ROUTE	ROWS	RUTH	SARTRE
SAWS	SEAR	SEARS	SEAS	SEAT	SEATS	SEWS	SORT	SORTER
SORTERS	SORTIE	SOUL	SOUR	SOUTH	SOUTHEAST	SOUTHWEST	SOWS	STAR
STARE	STARS	START	STARTER	STRAW	STRAWS	STREET	SWAT	SWATS
SWEAR	SWEARS	SWEAT	SWEATS	TARE	TARO	TAROS	TARS	TART
TARTER	TAWS	TEAR	TEARS	TEAS	TEASE	TEASES	TEAT	TEATS
TERM	TERSE	THAT	THAW	THAWS	THEIR	THREAT	THREATS	THREE
THROW	THROWS	THRUM	THWART	THWARTS	TIER	TIRE	TREE	
URETHRA	URETHRAS	UTERI	VOWS	WARE	WARS	WART	WARTS	WEAR
WEARS	WEST	WHAT	WHEAT	WHET	WOES	WORSE	WORTH	

4 Letter Words **Words: 67**

grew news newt sewn slew stew swig twig twin
weir welt wens went west wets wigs wile wilt
wine wing wins wire wise wits wren writ

5 Letter Words

newts sinew strew swine swing swirl twigs
twine twins twirl weirs welts wiles wilts
wines wings wires wiser wrens wrest wring
wrist write writs

6 Letter Words

sewing strewn twines twinge twirls winter
wriest wrings writes

7 Letter Words

stewing swinger twinges welting winters

8 Letter Words

strewing wresting

9 Letter Words

wrestling

4	3	9	2	5	7	6	8	1
1	8	7	3	4	6	9	2	5
5	6	2	8	1	9	7	3	4
2	5	1	7	6	3	8	4	9
3	7	6	9	8	4	1	5	2
8	9	4	1	2	5	3	6	7
6	4	8	5	9	1	2	7	3
7	1	5	6	3	2	4	9	8
9	2	3	4	7	8	5	1	6

19

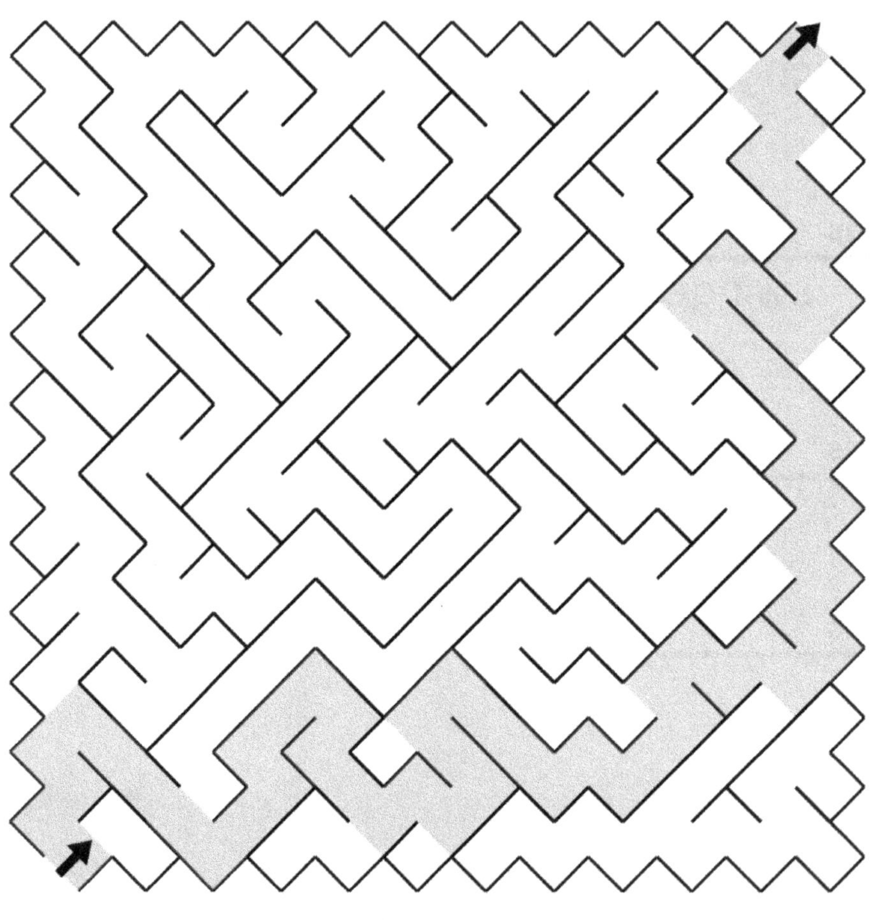

20

Solution 5

H	P	W	N	O	P	T	I	M	A	L	Q
T	M	R	G	U	M	E	V	Y	F	L	U
Q	L	T	F	H	M	Q	K	E	D	B	L
P	E	F	K	J	R	E	C	T	U	Y	N
S	X	S	H	T	U	I	R	I	Y	E	O
D	E	D	C	A	W	M	Y	O	P	C	B
U	C	I	L	T	I	J	P	A	U	O	R
O	U	A	O	T	Z	Q	L	I	L	S	Y
U	T	M	C	H	S	A	N	Y	N	J	H
A	E	L	K	Q	H	H	N	R	U	G	B
I	D	L	S	O	S	E	I	R	E	U	Q
U	F	M	P	W	Y	T	I	S	E	B	O

EXECUTED NUMEROUS OPTIMAL
QUERIES OBESITY JUMPING
CLOCKS NEPAL TWICE

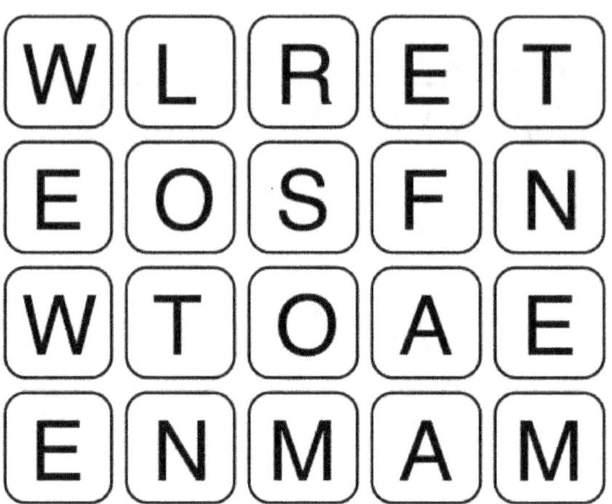

Total: 171

AFOOT	AFRO	AFROS	AFTER	AMEN	AMOS	ANTE	ANTEROOM	ANTES
ASTON	EASE	EAST	ELSE	ENEMA	ENEMAS	ENTER	ENTERS	EROS
ETNA	FAME	FASO	FAST	FASTEN	FEAST	FESTOON	FOAM	FONT
FONTS	FOOL	FOOLS	FOOT	FOOTMAN	FOOTS	FRET	FROST	FROWN
LETS	LOOFA	LOOFAS	LOOM	LOON	LOOSE	LOOSEN	LOOSER	LOOT
LOOTS	LORE	LOSE	LOSER	LOST	LOTS	MAMA	MAMAS	MANE
MANES	MASER	MASON	MAST	MEAN	MEANER	MEANEST	MEANT	MENTE
MOAN	MONET	MOOR	MOORS	MOOS	MOOSE	MOOT	MOOTS	MOST
MOTE	MOTEL	MOTELS	MOTOR	MOTORS	MOTS	NAMA	NAME	NERO
NEST	NETS	NEWEL	NEWELS	NEWT	NEWTS	NOOSE	NOSE	NOTE
OAFS	OFTEN	OMAN	OMNE	ONTO	ORES	OSLO	OWLET	OWLETS
OWLS	REFS	RENAME	RENT	RESOLE	REST	ROLE	ROOF	ROOFS
ROOM	ROOST	ROOT	ROOTS	ROSE	ROTE	ROTS	ROWEL	ROWELS
SAFE	SAFER	SAME	SAMOA	SANE	SANER	SENT	SERF	SLEW
SLOE	SLOT	SLOW	SOFA	SOFT	SOFTEN	SOFTER	SOLE	SOLET
SOMA	SOON	SOOT	SORE	SOWN	STENO	STEW	STOLE	STOMA
STONE	STOOL	STORE	STOW	STOWE	TEST	TESTE	TONE	TOOL
TOOLS	TORE	TORSO	TOWEL	TOWELS	TOWN	TWOS	WENT	WETS
WOOF	WOOFER	WOOFERS	WOOFS	WOOS	WORE	WORSE	WORSEN	WORST

4 Letter Words **Words: 26**

ague alga cage clog gael gala gale game
gaul glom glue glum goal guam loge mega
ogle

5 Letter Words

algae gleam legum mogul omega

6 Letter Words

agleam

7 Letter Words

cagoule

8 Letter Words

glaucoma

9 Letter Words

guacamole

6	1	5	7	2	8	9	3	4
9	4	3	5	6	1	7	2	8
2	8	7	9	3	4	6	5	1
8	6	4	3	1	9	2	7	5
7	5	1	2	8	6	4	9	3
3	9	2	4	5	7	1	8	6
4	3	8	6	7	2	5	1	9
1	2	9	8	4	5	3	6	7
5	7	6	1	9	3	8	4	2

24

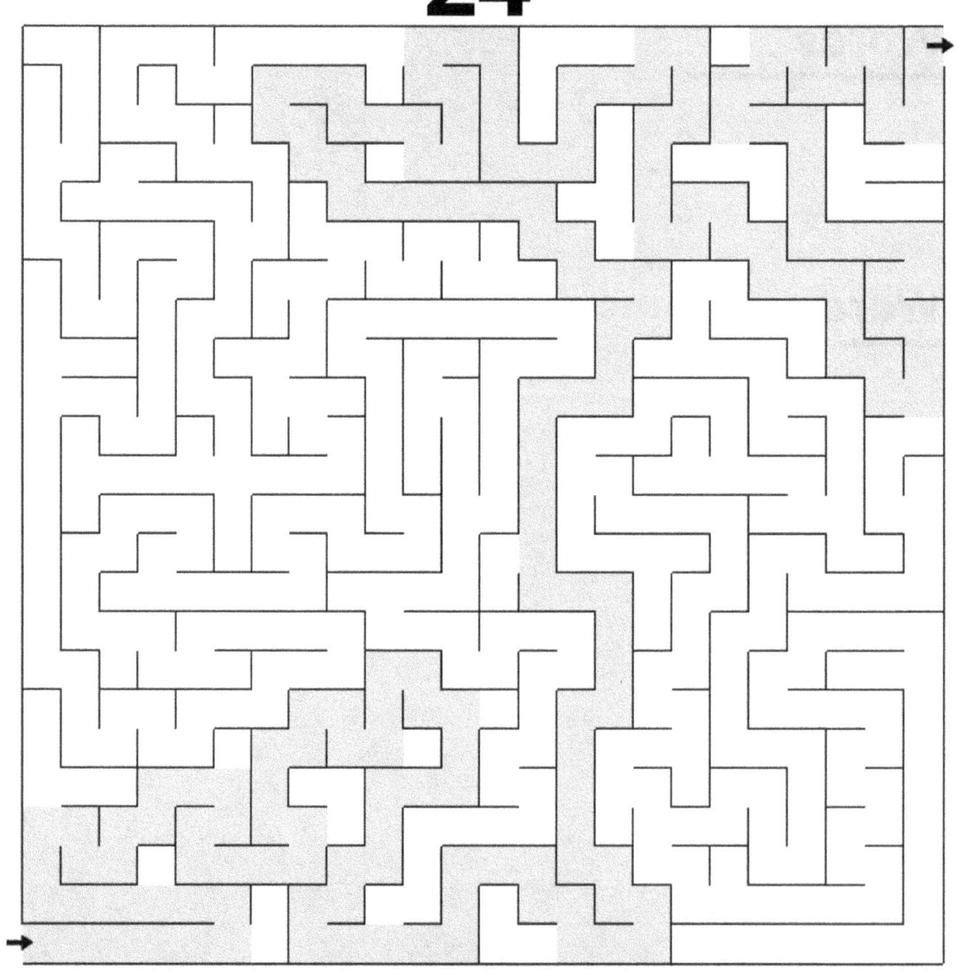

25

Solution 6

R	K	F	D	N	A	H	T	A	N	R	Y
Q	P	A	U	M	C	S	S	J	I	B	W
A	P	A	J	H	E	T	J	S	W	M	M
U	I	V	I	S	D	T	E	M	Y	F	S
D	Q	I	A	H	W	I	H	T	F	Y	E
I	S	K	K	Y	R	S	N	O	T	W	S
T	L	O	O	O	P	P	D	S	D	S	D
O	L	T	T	R	G	S	I	D	B	S	T
R	I	S	W	E	Y	D	N	V	F	H	H
F	B	L	W	J	U	U	T	A	D	S	C
Y	B	K	I	N	P	B	I	G	E	J	A
R	U	F	E	E	L	I	N	G	S	J	Y

FEELINGS STORIES METHODS
AUDITOR NATHAN NUDIST
JEANS YACHT BILLS

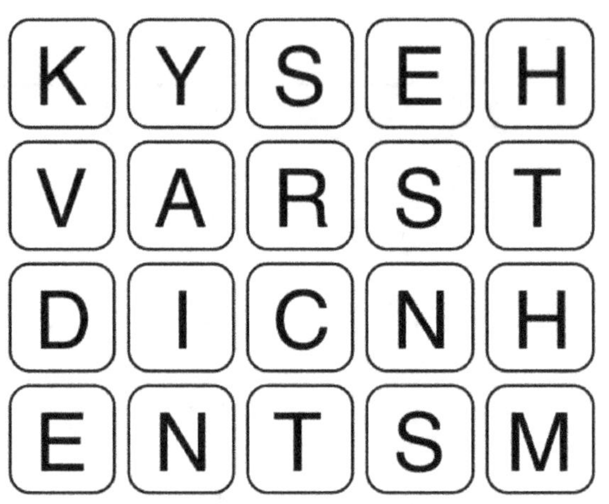

Total: 136

ACID ACNE ACRE ACRES ACRID ACTIN ACTS
ADEN ADIT ADITS AIDE AIRES AIRS AIRY
ARCS ARID ASSET AVID CAIN CAIRN CAIRNS
CARE CARES CARESS CARET CARETS CARS CASE
CASES CRASS CRAY CRESS CREST CRIED DAIRY
DARE DARES DARN DARNS DAVIT DAVITS DAVY
DAYS DENT DENTS DIARY DICA DINE DINT
DINTS DIRE DIREST DITS DIVA DIVAS EDICT
EDICTS EDIT EDITS EIRE ENCASE ENCASES ENID
ENTIA ENTIRE ERAS ERIC ERICA ERIE ERIN
ERNST ESSAY HERS HESS INCA INCAS INDE
IRAS NITS RAID RAIN RAINED RASE RASES
RAVINE RAYS RESCIND REST RICA RIDE RIEN
RIND RYAS SACS SAID SAINT SAINTS SARI
SCAR SCARE SCARES SCARS SCARY SCIRE SERA
SERI SETH SETS STERN STERNS STIR STIRS
SYRIA TERN TERNS TICS TIDE TIED TINE
TINED TIRADE TIRE TIRES VAIN VARIED VARY
VASE VASES VICAR VICARS VIDE VIED VINE
VIRES YARN YARNS

4 Letter Words **Words: 50**

hale	hate	heal	heap	heat	heel	help	hype	late
laye	leah	leap	leet	pale	pate	peal	peat	peel
pelt	pete	plea	tale	tape	teal	teat	they	type
yale	yeah	yelp						

5 Letter Words

elate	ethel	ethyl	haley	lathe	leapt	payee
peaty	petal	petty	plate	pleat	teeth	theta

6 Letter Words

platte tetley

7 Letter Words

athlete layette palette

8 Letter Words

9 Letter Words

telepathy

1	3	2	6	4	7	5	8	9
5	4	8	2	1	9	3	7	6
6	7	9	5	8	3	2	1	4
3	8	7	1	6	2	4	9	5
2	1	4	9	5	8	7	6	3
9	5	6	7	3	4	8	2	1
8	9	1	4	7	5	6	3	2
4	2	3	8	9	6	1	5	7
7	6	5	3	2	1	9	4	8

29

30

Solution 7

J	E	J	B	D	O	V	K	P	C	M	H
E	G	Y	P	T	L	S	G	B	B	U	U
N	N	D	U	B	R	A	D	O	R	U	B
S	A	J	A	O	K	E	Y	E	B	N	K
T	V	I	A	O	K	K	V	T	O	A	U
E	A	C	R	C	L	R	T	M	T	I	T
X	H	N	A	A	E	P	J	J	T	B	B
I	D	R	K	S	U	P	U	A	L	Q	E
S	T	O	B	S	N	B	V	Y	E	N	L
T	R	O	A	O	I	W	O	K	S	Q	W
M	P	S	A	I	P	O	I	H	T	E	I
G	O	F	R	I	N	S	I	D	E	R	I

OBSERVER	ETHIOPIA	INSIDER
TRACKED	BOTTLES	UPLOAD
TANKS	EXIST	EGYPT

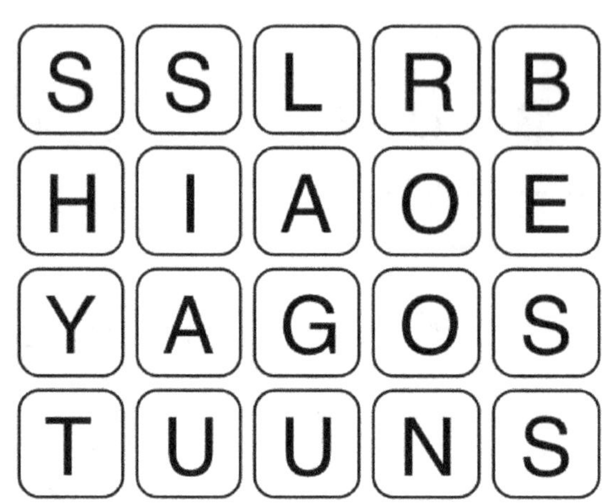

Total: 133

AGAR
AILS
ALIA
ALIGN
ALIGNS
ALOE
ALOES
AROSE
ASHY
ASIA
ASSIGN
ASSIGNS
BESS
BOAR
BOAS
BOER
BOLA
BOLAS
BOON
BOONS
BOOS
BORE
BORES
BOSON
BOSONS
BOSS
BRAG
BRAS
BRASH
BRASS
BROS
EONS
ERAS
EROS
GAIL
GALORE
GALS
GARB
GASH
GOAL
GOALS
GOES
GOOBER
GOON
GOONS
GOOSE
GORE
GORES
GUNS
HAAS
HAIL
HAILS
HAUT
HISS
LAGOON
LAGOONS
LAGOS
LAOS
LASH
LASS
LIAR
LIGARE
LISA
LOBE
LOBES
LOESS
LOGO
LOGOS
LOON
LOONS
LOOSE
LOOSER
LORE
LOSE
LOSER
LOSS
NOES
NOOSE
NOSE
NOUGAT
OASIS
ORAL
ORALS
ORES
RAGA
RAIL
RAILS
RASH
ROBE
ROBES
ROES
ROSE
SAGA
SAGO
SAIGON
SAIL
SAILOR
SALOON
SALOONS
SERA
SERB
SHAG
SHAT
SHAUN
SHAY
SIGN
SIGNS
SILO
SILOS
SISAL
SLAG
SLOB
SLOE
SLOES
SLOG
SNUG
SOAR
SOBER
SOLA
SOLAR
SOLI
SOLIS
SONG
SONS
SOON
SORB
SORE
TAIGA
TAIGAS
TAIL
TAILOR
TAILS
UTAH

4 Letter Words

Words: 43

efts feel fees feet fell felt fete file
fill fist fits flee flit left lief life
lift self sift

5 Letter Words

feels fells felts fetes files filet
fills filly flees fleet flies flits
lefts lefty lifts

6 Letter Words

feisty filets fillet fleets itself
stifle

7 Letter Words

fillets lefties

8 Letter Words

9 Letter Words

lifestyle

8	1	5	6	3	7	4	2	9
6	7	2	4	1	9	3	8	5
9	4	3	8	2	5	6	1	7
5	9	1	2	7	6	8	4	3
7	6	8	3	9	4	2	5	1
3	2	4	1	5	8	9	7	6
1	8	9	7	6	2	5	3	4
4	3	6	5	8	1	7	9	2
2	5	7	9	4	3	1	6	8

34

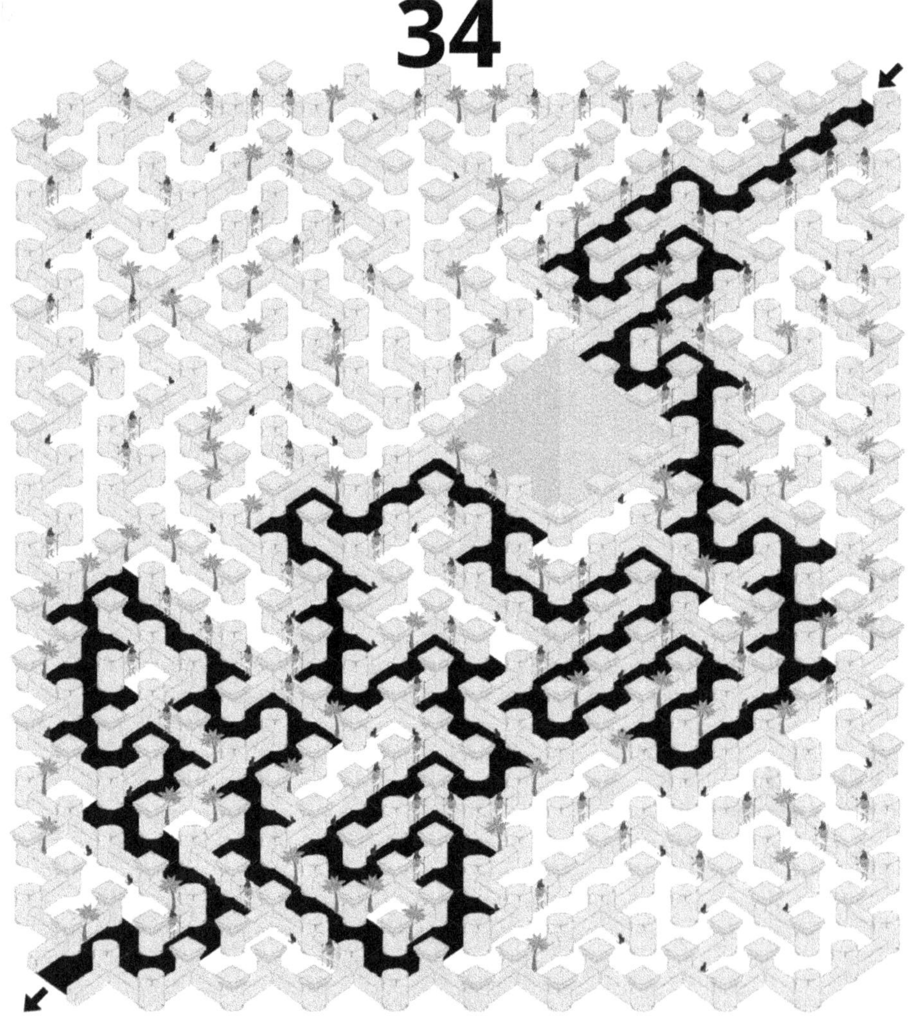

35

Solution 8

D	E	S	W	Y	R	S	F	T	I	O	H
W	L	U	C	S	D	E	U	P	P	H	F
G	H	P	B	C	N	Y	D	E	T	S	W
T	J	R	K	C	I	E	N	E	M	S	Q
A	P	E	E	B	T	I	D	P	A	A	H
H	U	M	V	A	N	F	I	P	S	F	O
N	P	E	L	G	T	O	K	N	O	F	L
O	E	O	S	E	J	R	I	A	Y	E	L
E	S	B	E	G	I	N	N	E	R	C	Y
I	V	S	A	R	U	D	N	O	H	T	G
N	O	U	N	D	H	M	N	D	F	V	V
M	A	T	E	R	I	A	L	Q	M	F	U

OPENINGS ISOLATED MATERIAL
HONDURAS BEGINNER SUPREME
AFFECT HOLLY FENCE

A	W	M	N	U
S	E	A	I	Y
E	T	N	A	B
R	S	T	E	T

Total: 257

ABET	ABETS	AMEN	AMINE	AMINES	ANEMIA	ANEW	ANIMA	ANIMATE	ANIMATES	ANTE
ANTES	ANTS	ASTER	ASTERS	ASWAN	ATTAIN	ATTAINS	AWES	BANE	BANS	BANTA
BANTAM	BANTER	BANTERS	BATE	BATS	BATTEN	BATTENS	BATTER	BATTERS	BEAN	BEANS
BEAT	BEATS	BENIN	BENT	BENTS	BETA	BETS	BETTER	BETTERS	BETTS	BINS
EASE	EASES	EAST	EASTER	EASTERS	EATER	EATERS	EATS	EMANATE	ENEMA	ENTER
ENTERS	ENTREE	ENTREES	ESTATE	ESTER	ESTERS	ETNA	INANE	INMATE	INMATES	INSERT
INSERTS	INSET	INSETS	INSTATE	INTER	INTERS	INTERSTATE	INTESTATE	MAES	MAIN	MAINE
MAINS	MAINSTAY	MANE	MANES	MANIA	MANS	MANSE	MANSES	MANTA	MANU	MANY
MATE	MATER	MATERS	MATES	MATS	MATTE	MAWS	MEAN	MEANS	MEANT	MEAT
MEATS	MEET	MEETS	MENSES	MENTE	MESA	MESE	METE	METER	METERS	METES
METS	MEWS	MINE	MINES	MINSTER	MINT	MINTER	MINTERS	MINTS	NAME	NAMES
NATTER	NATTERS	NEAT	NEATER	NEATEST	NEST	NESTER	NESTERS	NESTS	NETS	NEWS
NINA	NINE	NINES	RESENT	RESENTS	RESET	RESETS	REST	RESTATE	RESTS	RETAIN
RETAINS	RETTE	SEAM	SEAN	SEAT	SEATS	SEEM	SEEN	SEER	SEERS	SEES
SEESAW	SEMI	SENATE	SENATES	SENSE	SENT	SESTET	SETA	SETAE	SETS	SNEER
STAB	STAIN	STAINS	STAMEN	STAMENS	STAMINA	STAN	STANTE	STATE	STATEN	STAY
STEAM	STEER	STEERS	STEM	STET	STEW	STEWS	SWAIN	SWAINS	SWAM	SWAMI
SWAN	SWANS	SWAT	SWATS	SWEAT	SWEATER	SWEATERS	SWEATS	SWEET	SWEETS	TAINT
TAINTS	TAME	TAMES	TANS	TATS	TATTER	TATTERS	TAWS	TEAM	TEAS	TEASE
TEASER	TEASERS	TEASES	TEAT	TEATS	TEEM	TEEN	TEENS	TEES	TENET	TENETS
TENS	TENSE	TENSER	TENSES	TENSEST	TENT	TENTS	TEST	TESTATE	TESTE	TREE
TREES	TSETSE	UNIAT	UNIATE	UNIATS	UNMAN	UNMANS	UNMET	WANE	WANES	WANT
WANTS	WASTE	WASTER	WASTERS	WASTES	WATER	WATERS	WATT	WATTS	WEAN	WEANS
WENS	WENT	WEST	WETS							

Words: 181

4 Letter Words

acte acts arts cart cast cats chat chit cite crts curt cute cuts east eats etch
hart hate hats haut heat hits hurt huts itch rate rats rest rite ruat rust ruth
ruts sate scat scut seat sect seta seth shat shit shut site situ star stir suet
suit tare tars tear teas tech thai this thus tics tier ties tire utah

5 Letter Words

actes actus acute artis aster astir autre caret carte carts caste cater certi
chart chats cheat chest chits chute cista cites crate crest cruet crust curat
cuter earth eruct ethic harts haste hater hates haute heart heats heist hurts
irate rates react recht recta recti reits resat resit retch rites scite shirt
sitae sitar stair stare suite sutra tares tarsi teach tears theca their tiers
tires trace trash trice tries truce trues uteri utica

6 Letter Words

carets caster caters cestui charts chaste cheats christ chutes citrus crates
cruets curate custer earths eructs ethics haters hearts hiatus itches racist
reacts recast rectus rustic sachet satire scathe stacie starch theirs thrice
traces truces

7 Letter Words

curates haircut hastier hirsute raciest richest

8 Letter Words

aristech chariest haircuts

9 Letter Words

eucharist

7	1	4	6	5	8	9	3	2
8	3	9	2	1	4	6	5	7
2	6	5	3	9	7	4	8	1
1	7	3	5	4	6	8	2	9
4	9	8	1	3	2	7	6	5
6	5	2	8	7	9	1	4	3
3	8	7	9	6	5	2	1	4
9	2	1	4	8	3	5	7	6
5	4	6	7	2	1	3	9	8

40

Solution 9

M	G	J	Y	M	U	I	A	P	U	E	P
E	I	L	A	O	H	P	A	L	B	G	Y
D	B	A	A	P	W	F	O	T	C	W	V
I	S	K	W	Y	A	G	W	Y	C	O	W
C	O	E	I	H	I	N	D	Y	H	I	P
A	N	S	O	C	E	O	E	K	J	G	R
I	T	L	A	Y	N	N	C	S	L	O	X
D	O	L	A	I	T	I	E	U	E	A	N
J	I	Y	T	B	G	R	Y	V	C	G	W
Q	M	A	S	C	H	C	M	W	E	A	I
C	L	F	S	N	A	I	D	N	I	R	E
H	O	B	S	E	R	V	E	D	G	N	B

JAPANESE OBSERVED WHENEVER
MEDICAID LOGICAL INDIANS
GIBSON LATINO LAKES

E	N	R	L	R
O	B	E	I	D
H	T	A	E	N
S	K	Qu	P	B

Total: 173

ABEL	ABET	ABETS	AIDE	APED	ATONE	BAIL	BAILEE	BAILER
BATE	BATH	BATHS	BATON	BATS	BEAK	BEAKS	BEAT	BEATEN
BEATER	BEATS	BEEN	BEEP	BEER	BEET	BEETS	BELIE	BELIED
BEND	BENEATH	BERLIN	BERN	BETA	BETH	BETS	BONE	BONER
BOTE	BOTH	BREAK	BREAKS	BREATH	BREATHS	BREED	BRETON	BRIDE
BRIDLE	BRIE	BRINE	BRINED	DEATH	DEATHS	DEER	DENIER	DIET
DIETS	DINE	DIRE	DRIER	EATEN	EATER	EATON	EATS	EIRE
ELIDE	ENID	EQUATE	ERIE	ERIN	HONE	HOTEL	HOTS	IDEA
IDEATE	IDEE	IDLE	IDLER	ILEA	INDE	IRENE	KATE	LEAK
LEAKS	LEAP	LEAPED	LETS	LIED	LIEN	LINE	LINED	LIRE
NEAP	NEAT	NEATEN	NEATER	NEED	NEIL	NETS	NILE	NOBEL
NOTA	NOTAE	NOTE	OBTAIN	OBTAINED	PAID	PAIL	PAIN	PAINED
PAIR	PATE	PATEN	PATER	PATH	PATHS	PATS	PEAK	PEAKS
PEAT	PEEL	PEEN	PEER	PEND	PENILE	QUAE	QUAE	QUAIL
QUATER	QUEEN	QUEER	REAE	REAP	REAPED	REED	REIN	REINED
RELIED	RELINE	RELINED	RENO	RETAIL	RETAIN	RETAINED	RIDE	RIEN
RILE	RIND	SHOE	SHONE	SHOT	SKATE	SKATER	STAB	STAID
STAIN	STAINED	STAIR	STEAK	STEED	STEEP	STEIN	STENO	STERN
STONE	TAIL	TAPE	TAPED	TEAK	TEAKS	TEED	TEEN	TERN
TONE	TONER							

4 Letter Words

Words: 46

cede	cite	cued	cute	dedi	deed	dice	died
diet	dieu	dive	dude	duet	edit	iced	idee
teed	tide	tied	vice	vide	vied		

5 Letter Words

ceded	cedit	cited	civet	deuce	diced
dived	duvet	edict	educe	etude	evict
tided					

6 Letter Words

deceit	decide	deduce	deduct	deuced
device	dieted	edited	educed	

7 Letter Words

evicted

8 Letter Words

9 Letter Words

deductive

5	8	3	7	4	9	2	1	6
7	6	9	1	2	5	4	3	8
1	2	4	8	3	6	9	5	7
8	3	7	6	5	4	1	9	2
4	1	6	2	9	7	3	8	5
9	5	2	3	1	8	6	7	4
3	7	5	9	6	2	8	4	1
2	9	8	4	7	1	5	6	3
6	4	1	5	8	3	7	2	9

44

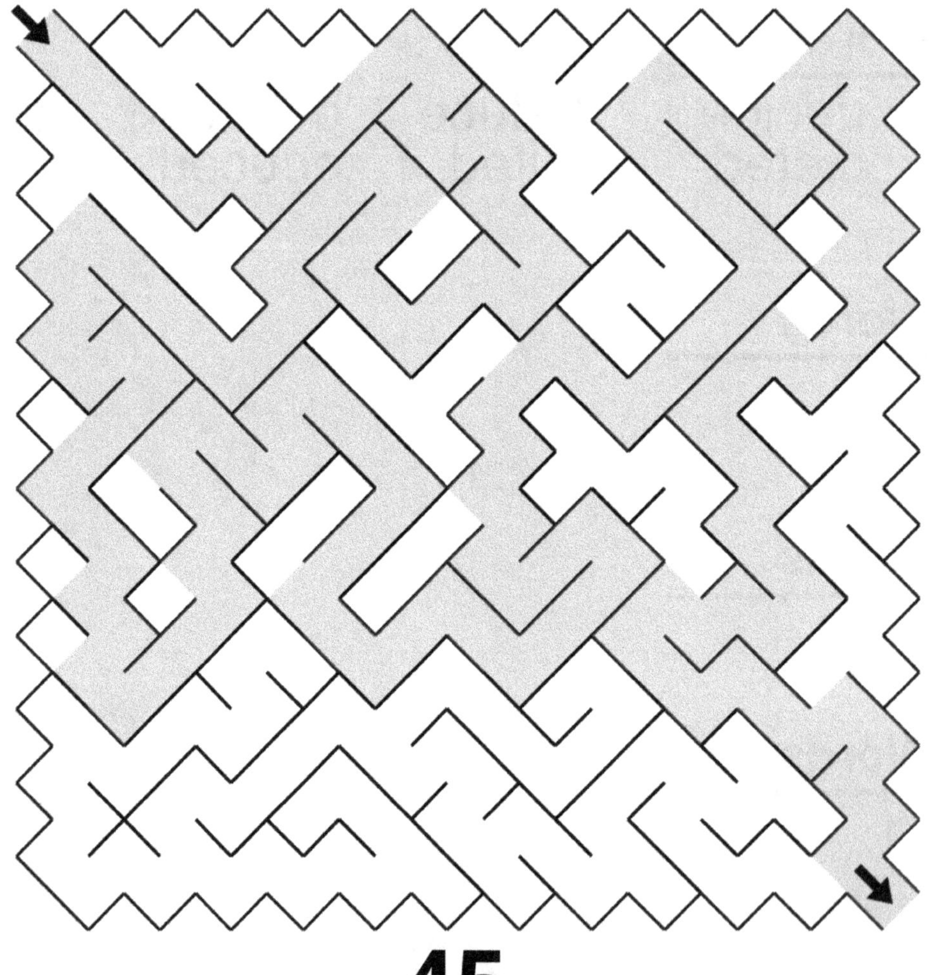

45

Solution 10

W	Y	K	S	Q	C	Q	O	O	C	O	K
R	J	M	F	A	J	S	V	G	C	A	M
H	B	R	W	O	C	E	R	S	W	L	W
U	V	D	V	A	R	U	N	D	Y	P	G
E	L	I	R	E	T	B	J	N	H	O	N
Q	T	O	E	A	X	E	E	L	Y	L	I
S	P	W	K	Q	F	C	T	S	G	E	S
B	B	W	O	A	P	W	E	K	V	V	A
U	C	F	A	S	Z	S	M	P	L	E	E
Z	S	R	R	I	V	O	G	M	T	D	L
J	B	D	A	E	G	A	R	E	V	E	B
H	X	C	K	S	F	F	I	D	A	H	D

BEVERAGE LEASING DEVELOP

KARAOKE EXCEPT FORBES

OSCAR DIFFS JENNY

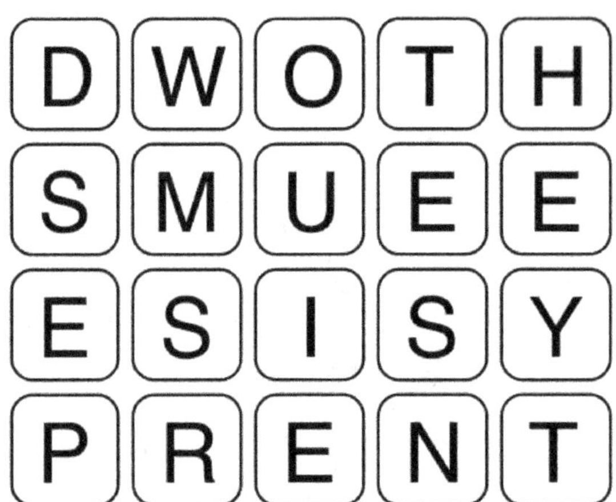

Total: 170

EIRE EMIR EMIRS EMOTE EMOTES EMUS ENSUE ERIE ERIN
ESSE EYES HEIR HEIRESS HEIRESSES HEIRS HEIST INSET MERE
MEREST MERS MESE MESS MESSES MESSIER MESSIEST MIEN MIENS
MINE MINER MINERS MINES MINT MINTS MINTY MIRE MIRES
MISE MISER MISERS MISES MISS MIST MISTY MISUSE
MISUSER MISUSES MOTE MOTES MOTH MOUE MOUES MOUSE MOUSER
MOUSERS MOUSIER MOUSIEST MOUSINESS MOUSSE MOUSY MOUTH MOWS MUSE
MUSES MUST MUSTY MUTE MUTES NEST OUST PERE
PERSIST PREMISE PREMISES PRES PRESENT PRESENTS PRESS PRESSES
PRESUME PRESUMES PRIES PRIEST PRIM PRIME PRIMES PRINT PRINTS
PRIS PRISM PRISMS PRIUS REIMS REIN REINS REMISE
REMISES REMISS REMOTE REMOTEST RENT RENTS REPS RESENT
RESENTS RESET RESIN RESINS RESIST REST RESUME RESUMES RIEN
RIME RIMES RIMS RINSE RINSES RISE RISEN RISES SEINE
SEINES SEISM SEISMS SEMI SENSE SENT SEPSES SEPSIS SERE
SERI SERIES SESS SETH SINE SINS SIRE SIREN SIRENS
SIRES SIRS SMOTE SMUT SPRINT SPRINTS SUES SUET SUMO
SUMS SWUM TEES TEST TESTY THEIR THEIRS THEISM THEIST
THESE THESES THESIS THEY TOES TOME TOMES TOMS TOWS
USER USERS USES WOES

4 Letter Words **Words: 26**

coin dint doni doun icon into noun nunc
tunc undo unit unto

5 Letter Words

count donut inuit ionic tonic tunic
union

6 Letter Words

indict induct nuncio

7 Letter Words

conduit diction unction

8 Letter Words

9 Letter Words

induction

1	9	5	3	6	4	8	7	2
8	4	3	2	1	7	9	6	5
2	7	6	9	5	8	3	1	4
5	8	7	6	4	3	1	2	9
6	1	9	5	7	2	4	3	8
3	2	4	1	8	9	7	5	6
7	5	2	8	9	1	6	4	3
9	6	1	4	3	5	2	8	7
4	3	8	7	2	6	5	9	1

49

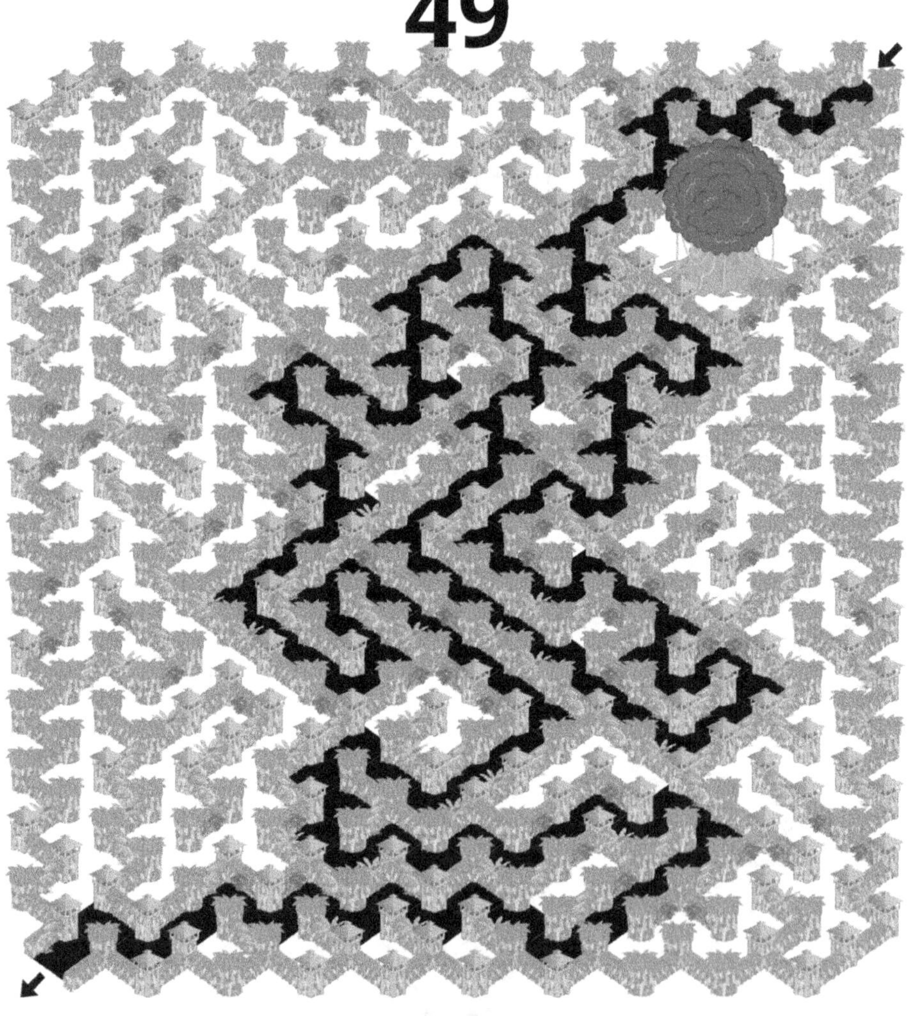

50

Solution 11

O	H	H	V	W	E	S	L	P	Y	U	O
A	I	N	Y	A	R	R	A	N	G	E	O
V	I	T	A	L	Y	L	B	N	B	D	N
E	M	R	W	C	A	P	M	U	U	W	F
V	M	G	C	D	N	I	L	G	E	E	U
U	R	Q	I	C	G	L	G	C	H	I	A
R	N	R	F	H	E	K	R	E	S	V	U
X	B	X	T	T	J	D	A	B	F	R	J
E	B	Y	I	J	L	N	H	E	D	E	G
Q	P	N	D	B	U	W	A	U	Y	V	I
B	E	K	K	J	O	L	M	Q	P	O	D
F	C	V	T	A	T	T	O	O	A	S	U

BULLETIN OVERVIEW ARRANGE
GRAHAM QUEBEC BRIDAL
MIGHTY TATTOO ITALY

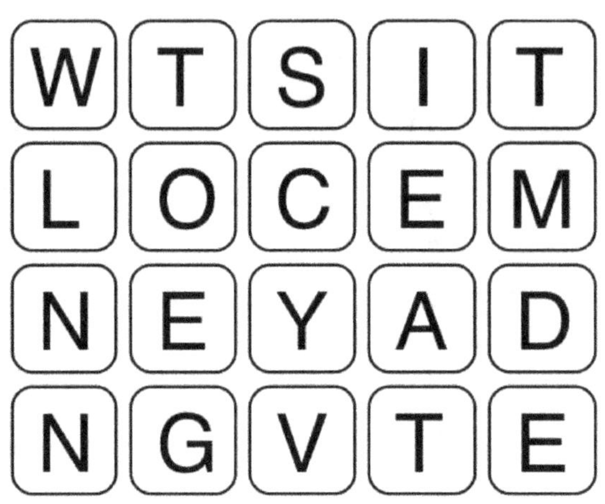

Total: 138

ACED
ACES
ACTS
ADMIT
AMIES
AYES
CADET
CAME
CAMISOLE
CAVE
CEDE
CELT
CELTS
CITE
CITED
CITES
COLE
COLNE
COLT
COLTS
CONE
CONEY
COST
COTS
COWL
COYEST
DACE
DACES
DAME
DAMES
DATE
DAVE
DAVY
DEACON
DECAY
DECIMATE
DECO
DECOY
DEIST
DEMI
EADEM
EDAM
EDEMA
EMACS
EMIT
EVADE
EVADES
EYED
EYES
GELT
ICED
ICES
ICON
ITEM
LEON
LEVY
LOCA
LOCATE
LOCATED
LOCI
LONE
LONG
LOSE
LOST
LOTS
MACE
MACES
MACS
MADE
MAES
MATE
MATED
MAVEN
MAYO
MEAD
MEAT
MEATY
MESON
MICA
MICE
MISE
MIST
MITE
MITES
NEON
NOEL
NOSE
NOSED
NOSEY
SCAM
SCAT
SCITE
SCONE
SCOT
SCOW
SCOWL
SEAM
SEAT
SEATED
SECT
SEDATE
SEMI
SITE
SITED
SOLE
SONG
SOYA
STOLE
STOLEN
STONE
STOW
TACIT
TACITE
TACO
TACOS
TACT
TAME
TAMED
TAMES
TAMEST
TEAM
TEAMED
TEAT
TEST
TICS
TIED
TIES
TIME
TIMED
TIMES
TONE
TONG
TOYED
TWOS
VENN
YETI
YETIS
YOWL

4 Letter Words **Words: 19**

chin chit gics inch itch tics

5 Letter Words

chins chits icing winch witch

6 Letter Words

chitin citing icings snitch switch

7 Letter Words

itching

8 Letter Words

witching

9 Letter Words

switching

5	1	7	4	6	3	8	9	2
6	8	4	2	9	7	3	5	1
2	9	3	5	1	8	6	4	7
8	3	5	7	2	9	4	1	6
7	4	1	8	3	6	9	2	5
9	2	6	1	5	4	7	8	3
4	7	2	3	8	5	1	6	9
3	5	9	6	4	1	2	7	8
1	6	8	9	7	2	5	3	4

54

55

Solution 12

M	Z	T	C	U	V	U	R	F	B	M	M
A	D	J	B	I	G	O	T	D	L	E	J
D	H	Y	G	D	S	N	I	N	P	S	J
E	E	S	U	N	U	C	Q	C	G	T	D
K	N	K	E	S	I	B	L	E	X	I	P
N	C	C	M	K	K	S	U	R	C	O	A
I	E	I	N	Q	I	L	I	N	G	R	T
L	M	G	P	G	M	L	A	R	P	E	C
H	A	R	D	W	O	O	D	T	M	H	E
O	K	Q	D	U	R	A	T	I	O	N	L
L	O	L	N	B	J	F	R	U	I	I	E
Y	P	C	C	M	N	D	T	P	B	V	F

HARDWOOD DURATION RISING

LINKED ELECT HENCE

TALKS PIXEL LIKES

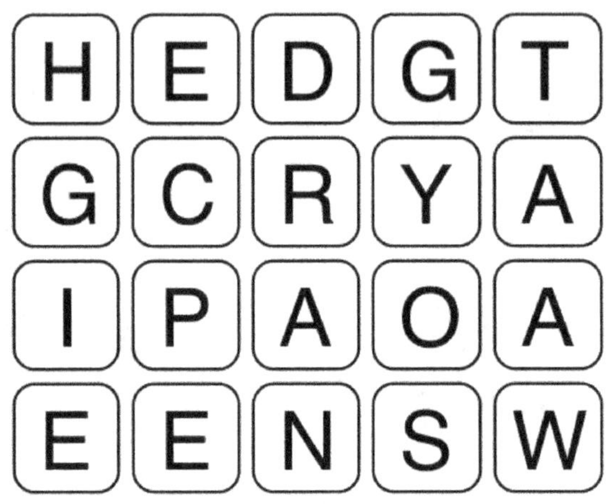

Total: 136

ACED	ACHE	ACHED	ACRE	APRON	APRONS	ARCED
ARCH	ARCHED	CANE	CANS	CAPE	CARD	CARE
CARED	CARP	CARPE	CERA	CRANE	CRAP	CRAPE
CRAY	CRAYON	CRAYONS	CROAT	CRONE	CROW	CROWS
DECAY	DECRY	DRAPE	DRAY	DRONE	EACH	EARED
EDGY	EPIC	ERAS	EROS	GERONA	GRACE	GRACED
GRACIE	GRAPE	GRAY	GREG	GROAN	GROANS	GROAT
GROW	GROWS	GYRE	GYRED	GYRO	GYROS	HERD
HERO	HERON	HERONS	ICED	NACRE	NAPE	NARY
NEAP	NEAR	NEARED	NEIGH	NEIGHED	OARED	ORGY
PACE	PACED	PACER	PANE	PANS	PARCH	
PARCHED	PARD	PARE	PARED	PASO	PEACE	PEACH
PEAR	PEAS	PEEN	PEENS	PENS	PENSA	PICA
PICARDY	PICAS	PRAY	PRONE	PROS	PROW	PROWS
RACE	RACED	RAPE	RASA	RAYON	RECAP	RECIPE
REDCAP	ROACH	ROAN	ROANS	ROWS	RYAN	RYAS
SACRED	SANE	SNAP	SNARE	SNARED	SNORE	SNORED
SNOW	SOAP	SOAR	SOARED	SONAR	SORE	SOYA
SWAY	SWORD	SWORE	TYRO	TYROS	WORD	WORDY
WORE	YARD	YAWS	YORE			

4 Letter Words

Words: 63

evil	lent	leon	levi	levy	lien	lilt	lily	line
lint	lion	lite	live	loin	lone	love	lyon	neil
nile	noel	oily	olin	only	tell	tile	till	toil
toll	veil	vile	vill	viol	vole	volt	yell	

5 Letter Words

inlet	intel	intol	lento	liven	nevil	nolle
novel	olive	toile	vinyl	voile		

6 Letter Words

evilly	lenity	lentil	levity	lintel	lively
lonely	lovely	vilely	violet	volley	

7 Letter Words

novelty tylenol violent volenti

8 Letter Words

9 Letter Words

violently

7	3	8	4	6	5	9	2	1
6	2	1	9	3	8	5	7	4
9	5	4	1	2	7	8	3	6
3	6	7	2	9	1	4	5	8
2	1	9	5	8	4	3	6	7
8	4	5	3	7	6	2	1	9
1	7	3	8	5	9	6	4	2
5	9	6	7	4	2	1	8	3
4	8	2	6	1	3	7	9	5

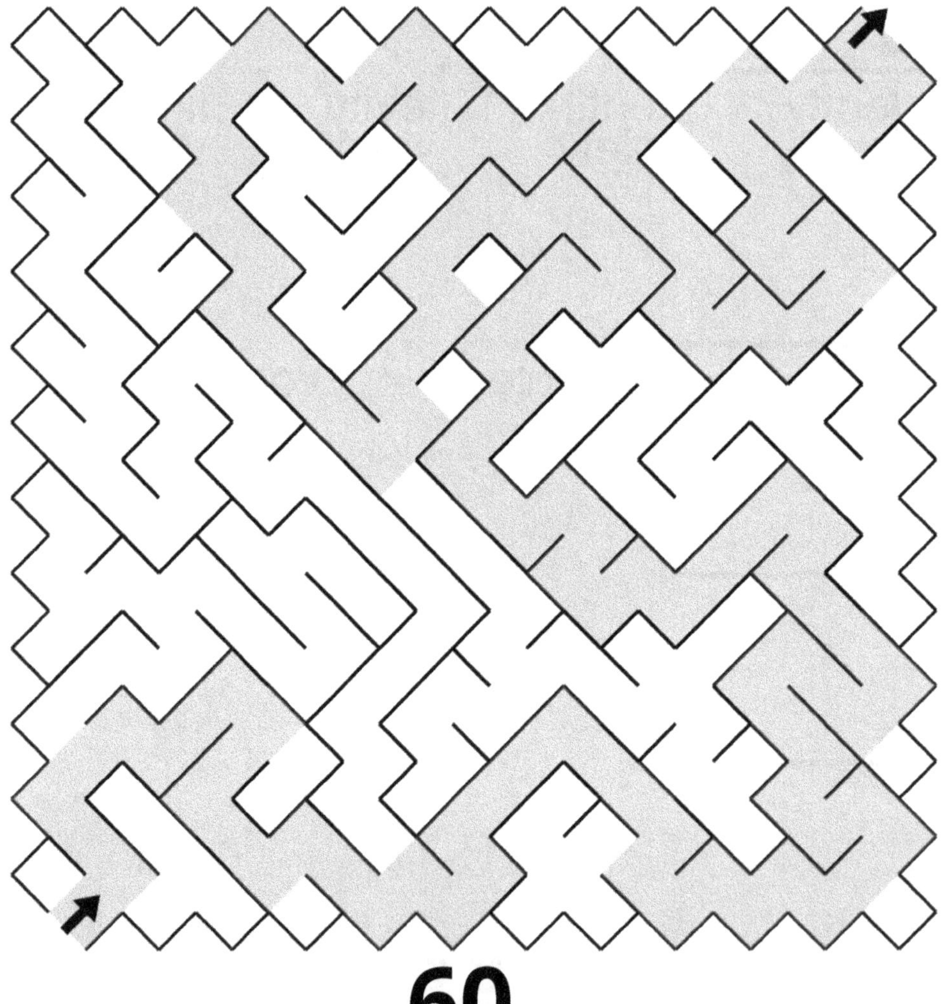

60

Solution 13

F	Y	F	S	M	E	A	S	I	E	R	K
P	K	R	B	C	E	D	N	A	L	S	I
S	E	U	E	I	B	E	G	C	E	D	V
P	E	T	Y	Q	N	P	W	G	N	O	B
R	P	T	S	I	D	G	R	A	B	D	S
O	I	V	W	L	Q	W	O	S	C	G	H
V	N	U	G	B	I	E	E	H	U	E	E
I	G	H	P	G	L	A	D	R	C	F	J
N	R	F	D	S	I	R	T	M	B	R	L
C	B	D	M	I	H	Q	G	E	M	E	M
E	E	V	Y	R	T	N	E	O	D	Y	H
Y	H	A	T	K	A	H	M	U	P	B	N

PROVINCE DETAILS KEEPING

ISLAND HEBREW EASIER

ENTRY DODGE BINGO

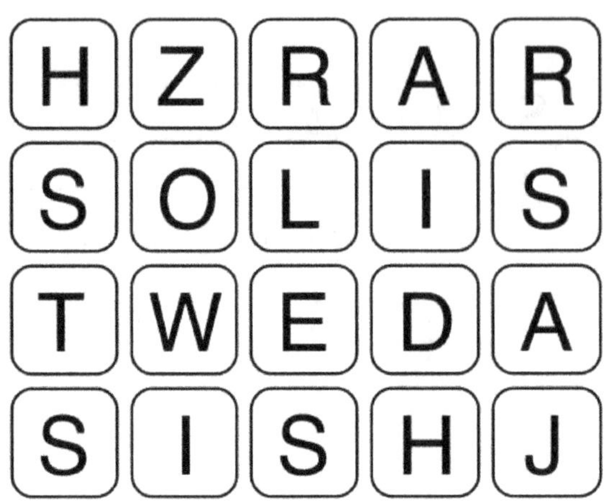

Total: 192

AIDA	AIDE	AIDES	AIDS	AILED	AIRS	ALES	ALIA	ALIAS
ALOE	ALOES	ARIA	ARIAS	ARID	ARIES	ARIL	ARLES	ASIA
ASIDE	ASIDES	DAIS	DEIST	DEISTS	DELI	DELIS	DESIST	
DESISTS	DEWS	DIAL	DIES	ELIAS	HADES	HAIL	HAILED	HAIR
HAIRS	HASID	HEIR	HEIRS	HEIST	HEISTS	HELD	HELOT	HELOTS
HEWS	HOED	HOES	HOLD	HOLDS	HOLE	HOLED	HOLES	HORA
HOST	HOSTS	HOTS	HOWL	HOWLED	IDES	IDLE	IDLES	IRAS
JADE	JADES	JAIL	JAILED	JAILOR	LAID	LAIR	LAIRS	LEIS
LIAR	LIARS	LIDS	LIED	LIES	LIRA	LIRAS	LISA	LORI
LOST	LOTS	LOWED	LOWS	OLDIE	OLDIES	OLDS	ORAL	OWED
OWES	RAID	RAIDS	RAIL	RAILED	RASA	RIAL	RIDE	RIDES
RIDS	RILE	RILED	RILES	ROES	ROLE	ROLES	ROSH	ROTS
ROWED	ROWEL	ROWS	SAID	SAIL	SAILED	SAILOR	SALE	SALES
SARI	SEWS	SHAD	SHADE	SHADS	SHED	SHEDS	SHEILA	SHOE
SHOED	SHOES	SHOT	SHOTS	SHOW	SHOWED	SHOWS	SIDE	SIDES
SIDLE	SIDLES	SILO	SILOS	SITS	SOLA	SOLAR	SOLARIA	
SOLARIS	SOLD	SOLE	SOLED	SOLES	SOLI	SOLID	SOLIDS	SOLIS
SOTS	SOWED	SOWS	STIES	STOLE	STOLES	STOLID	STORIED	
STORIES	STOW	STOWE	STOWED	STOWES	STOWS	SWISH	SWISHED	TIED
TIES	TOED	TOES	TOLD	TORIES	TOWED	TOWEL	TOWS	TWOS
WEDS	WEIR	WEIRS	WELD	WELDS	WIELD	WIELDS	WISE	WISED
WISH	WISHED	WITS	WOES	WORLD	WORLDS			

4 Letter Words

code coot deco

Words: 9

5 Letter Words

cooed decoy octet

6 Letter Words

coyote

7 Letter Words

boycott

8 Letter Words

9 Letter Words

boycotted

4	2	3	7	1	9	5	6	8
7	9	1	8	6	5	4	2	3
8	6	5	4	2	3	9	7	1
1	5	4	2	8	6	3	9	7
3	7	9	5	4	1	6	8	2
2	8	6	9	3	7	1	5	4
5	1	2	6	7	4	8	3	9
9	3	7	1	5	8	2	4	6
6	4	8	3	9	2	7	1	5

64

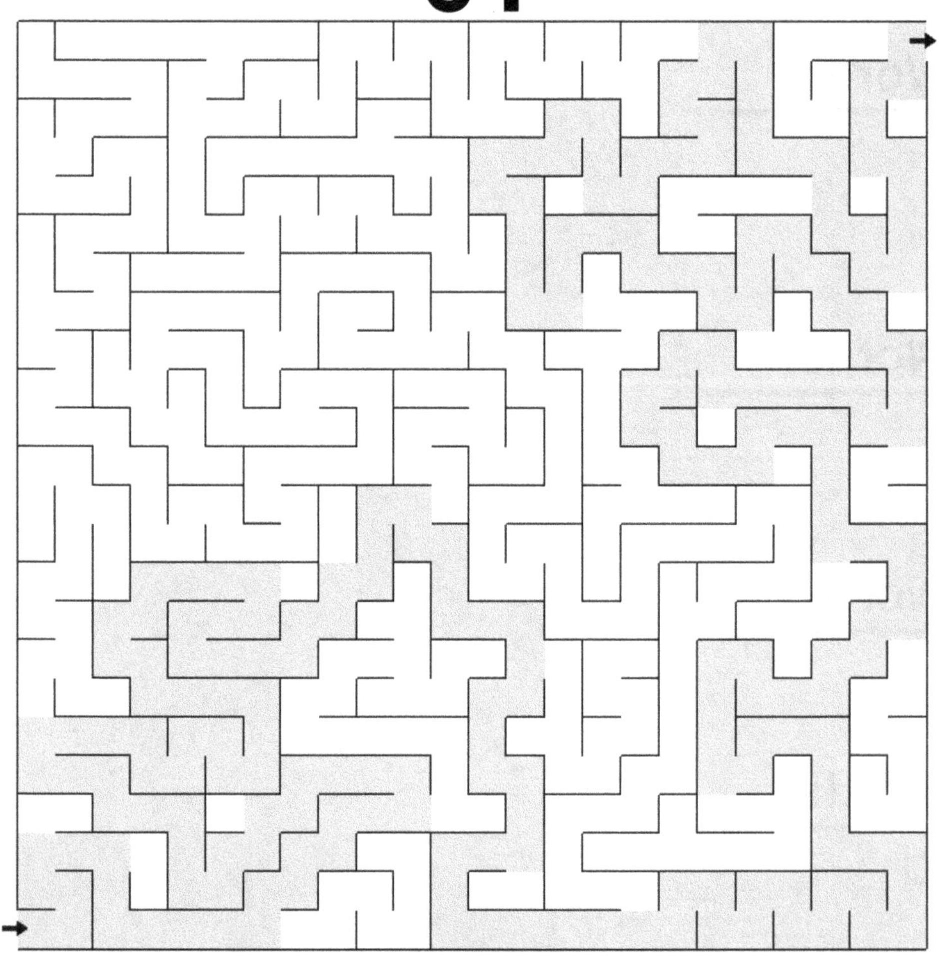

65

Solution 14

W	O	P	P	O	S	I	T	E	H	K	S
L	P	T	S	E	U	Q	E	V	A	T	A
O	Y	K	S	H	K	S	N	K	F	L	W
N	T	A	G	G	N	S	E	M	S	U	L
O	H	S	C	M	N	U	Y	T	M	J	U
S	O	E	E	V	H	I	V	A	M	T	F
S	N	P	G	F	U	F	D	N	S	F	S
C	I	E	P	A	E	Y	I	N	Y	S	D
I	C	R	H	T	M	G	F	B	I	G	E
R	N	E	H	Z	H	I	S	B	O	F	M
E	J	L	T	T	L	Y	S	B	D	R	W
J	I	F	G	R	E	A	T	E	S	T	M

FINDINGS GREATEST ERICSSON

OPPOSITE ESSAYS PYTHON

NIGHT IMAGE QUEST

R	S	E	V	A
R	R	I	L	Y
R	A	T	G	O
E	G	H	T	E

Total: 162

AGER	AIRES	AIRS	ALERT	ALES	ALGIERS	ALIA	ALIGHT	ALIT
ALIVE	ALOE	ALTAR	ALTARS	ARGH	ARIES	ARIGHT	ARIL	ARISE
ARRIVAL	ARRIVE	ARRIVES	ARTILY	ARTIS	AVER	AVERAGE	AVERS	AVERT
EARS	EARTH	EIGHT	ELVIS	EOLITH	ERRS	EVIL	GAIL	GAILY
GAIT	GARS	GARTH	GATT	GEAR	GEARS	GILT	GIRT	GIRTH
GIVE	GIVER	GIVERS	GIVES	GLOTTIS	GOLIATH	GOTH	GOYA	GRAIL
GRATIS	GREAT	GREATLY	GYVES	HAIL	HAILER	HAILERS	HAIR	HAIRS
HARE	HARES	HARRIES	HARRIS	HART	LAVE	LAVES	LEIGH	LEIS
LEVI	LEVY	LIAR	LIARS	LIES	LIGHT	LIRA	LIRE	LIVE
LIVER	LIVERS	LIVES	LOGE	LOGY	LOTH	OGLE	OGLES	OLIVE
OLIVES	RAGE	RAIL	RAISE	RAISER	RARE	RARELY	REAR	REARS
RELAY	RELY	RESIT	RIGHT	RIGHTLY	RILE	RILES	RISE	RIVAL
RIVE	RIVES	SERA	SERI	SIERRA	SIGH	SIGHT	SILO	SILT
SILVER	SIRE	SITAE	SITAR	SIVE	TAIL	TARE	TARES	
TARRIES	TARS	TARSI	TARSIER	THAI	THAT	TIER	TIERS	TIES
TIGHT	TILE	TILER	TILERS	TILES	TIRE	TIRES	TRAIL	TRIAGE
TRIES	TRIG	TRILOGY	VALE	VALISE	VEIL	VELA	VERILY	
VERTIGO	VIES	VILE	VILER	VIRES	VITA	VITAE	YALE	YALTA
YOGI	YOGIS							

4 Letter Words

Words: 135

aces acre acte acts arcs cafe care cars cart case cast cats cera cite
coat coif core cost cots crts eric face fact fisc foci ices ocas ocrs
race rica rice rico rocs scar scat scot sect taco tics

5 Letter Words

acres actes actor ascot cafes cairo cares caret carte carts caste
cater certi cista cites coast coati coats coifs cores costa craft
crate crest cries croat erica faces facet facie facti facto facts
farce fecit force oscar races react recta recti recto scare scarf
scire scite score stoic tacos trace trice

6 Letter Words

actors aortic carets caries caster castor castro caters coarse
coatis corset cortis crafts crates croats erotic escort facets
facies factor farces fiasco forces fresca fresco frisca racist
reacts recast rectos scoria scoter scotia scrota sector stacie
traces

7 Letter Words

coaster erotica factors fractio raciest scoriae

8 Letter Words

forecast

9 Letter Words

factories

6	1	8	4	3	2	5	9	7
5	2	7	9	1	6	8	3	4
4	9	3	7	5	8	6	1	2
2	6	1	5	8	7	9	4	3
3	5	4	1	6	9	2	7	8
8	7	9	3	2	4	1	6	5
1	4	2	8	9	3	7	5	6
7	8	5	6	4	1	3	2	9
9	3	6	2	7	5	4	8	1

69

70

Solution 15

T	S	A	S	F	A	G	Y	J	K	B	N
O	F	R	C	U	I	F	Y	N	Y	O	V
P	S	A	A	N	F	F	I	R	E	R	G
T	I	F	L	E	J	S	T	R	U	O	Q
I	R	U	C	O	S	S	J	Y	M	U	I
M	R	J	C	A	C	D	F	N	J	G	I
U	O	I	N	W	N	K	A	F	E	H	Y
M	M	Y	O	O	V	S	E	K	M	T	P
M	S	S	S	B	Y	B	M	D	H	C	C
G	J	D	S	L	E	E	F	P	R	U	V
B	U	J	N	E	R	V	E	R	N	D	W
H	J	N	G	F	S	Q	O	N	V	W	U

BOROUGH OPTIMUM NISSAN
LOCKED MORRIS HUDSON
FEELS NERVE FIFTY

G	T	E	U	S
E	B	A	S	S
P	U	E	R	R
R	N	T	L	F

Total: 143

ABEL	ABET	ABUT	ARLES	ARTLESS	AUNT	AUTRE
BARE	BARES	BARS	BART	BASE	BASEL	BASER
BASS	BATE	BATES	BEAR	BEARS	BEAT	BEAU
BELT	BENT	BERATE	BERATES	BERT	BESET	BESS
BETA	BETAS	BUNT	BUNTER	BUNTERS	BURN	BURNER
BURNERS	BURNT	BURP	BUTLER	BUTLERS	EARL	EARS
EASE	EASEL	ERAS	ERASE	ERRS	ESAU	FLEA
FLEAS	FRET	LEAS	LEASE	LENT	LESE	LESS
LETUP	NEAR	NEARS	NEAT	PETE	PRUNE	PRUNES
PUBES	PUNT	PUNTER	PUNTERS	RASE	RATE	RATES
REAE	REBATE	REBATES	REBUT	RENT	RESAT	RESET
RETURN	RUAT	RUBE	RUBES	RUES	RUNE	RUNES
RUNT	SABER	SABERS	SATE	SAUNTER	SAUNTERS	SEAR
SEARS	SEAT	SELF	SENT	SERA	SERF	SETA
SETAE	SUES	SUET	TARE	TARES	TARS	TARSUS
TART	TARTNESS	TAUNT	TAUPE	TAUT	TAUTER	
TAUTNESS	TEAR	TEARLESS	TEARS	TEAS	TEASE	TEASEL
TEASER	TEASERS	TEAT	TERSE	TREAT	TRESS	TUBA
TUBAS	TUBE	TUBER	TUBERS	TUBES	TUNE	TUNER
TUNERS	TUNES	TURN	TURNER	TURNERS	UNEASE	UNPEG
UPBEAT	USER	USERS	USSR			

4 Letter Words **Words: 55**

ammo amos arms gams gars gram mans marg mars
moan nags oars oman rags rams rang roam roan
sago sang snag soar soma

5 Letter Words

among argon argos arson grams groan mango
manor mason moans organ roams roans roman
sonar

6 Letter Words

gammon groans mangos manors maroon morgan
organs orgasm ransom romans sarong

7 Letter Words

gammons maroons

8 Letter Words

monogram sonogram

9 Letter Words

groomsman monograms

7	9	4	5	8	2	6	3	1
3	8	6	9	7	1	5	2	4
1	5	2	6	3	4	9	7	8
8	3	5	1	9	7	2	4	6
6	4	7	2	5	3	8	1	9
9	2	1	4	6	8	3	5	7
4	7	8	3	2	6	1	9	5
5	6	3	7	1	9	4	8	2
2	1	9	8	4	5	7	6	3

74

75

Solution 16

J	F	C	Q	F	O	L	D	E	R	S	P
K	J	K	E	T	J	T	W	T	E	B	A
C	M	U	L	Y	J	F	U	F	H	U	V
O	I	N	K	U	Q	B	R	H	J	W	I
N	T	G	A	D	M	A	P	O	T	L	L
C	C	K	T	V	M	U	N	W	E	T	I
E	I	B	Q	E	A	A	R	P	K	S	O
R	V	P	D	H	T	L	S	B	H	I	N
T	I	H	D	H	F	O	J	B	Y	W	V
L	L	P	A	L	G	F	B	C	Q	G	R
O	Q	N	A	D	D	E	C	I	T	O	N
W	P	K	S	B	K	H	D	T	G	Q	I

JONATHAN	PAVILION	FOLDERS
NOTICED	CONCERT	FRAMED
VICTIM	GOSPEL	NAVAL

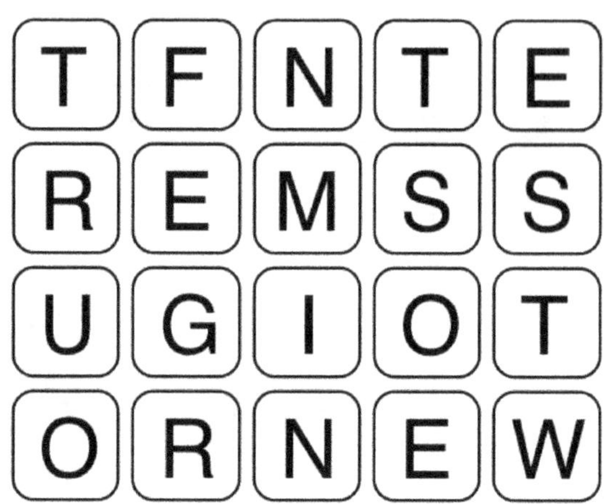

Total: 155

EIGNE EMIR EMOTE ENSIGN EOSIN ERGO ESSOIN FEIGN FEIN
FENS FRET GEMOT GEMOTE GEMS GEMSTONE GENS GENT GENTES
GENTS GIRO GISMO GISMOS GIST GNEISS GNOME GORIER GRIEF
GRIM GRIME GRIN GRIST ISOMER MEIOSES MENSES MENTE MIEN
MIENS MINE MISE MISES MISS MIST MISTS MOIST
MOISTEN MOISTEST MONET MONGER MONIST MONISTS MOSES MOSS
MOSSIER MOST MOTE MOTS NEGRO NEMO NETS NEWT NEWTS
NIGER NOIR NOISE NOISES NOME NOMEN NOMS NOSE NOSES
NOSIER NOTE OGRE OMEN OMENS OMNE ORIENT ORIENTS ORION
ORISON OSIER REGION REGIS REGNI REIGN REIMS REIN REMISE
REMISES REMISS REMOTE RENT RENTS RIEN RIME RIMS RING
RINGER RIOT RIOTS RISE RISES ROGER ROGUE ROUEN ROUGE
SETS SIGN SIGNET SIGNETS SIMON SINE SINEW SING SINGE
SINGER SMOTE SOME SONG SOTS STEIN STENO STENOS STEW
STONE STONIER STOW STOWE TENS TENSE TENSES TENSEST
TENSING TENSION TENT TENTS TEST TESTE TESTS TOEING TOME
TOMS TONE TONG TONGUE TOSS TOSSING TRUE TWOS URGE
URGENT URINE WEIR WETS WOMEN

4 Letter Words

Words: 77

aloe	alto	dale	dare	dart	date	deal	dear	dora
drat	earl	lade	lard	late	lead	load	oral	rate
read	reae	real	road	rota	tale	tare	taro	tart
teal	tear	teat	toad					

5 Letter Words

adler	adore	alder	alert	alter	dealt	delta
dotal	eared	eater	elate	later	oared	orate
rated	tarot	tetra	total	trade	tread	treat

6 Letter Words

dealer	elated	latter	leader	loader	orated
ordeal	ratted	rattle	relate	reload	rotate
tetrad					

7 Letter Words

alerted	altered	delator	leotard	rattled
related	rotated	totaled	treadle	treated

8 Letter Words

tolerate

9 Letter Words

tolerated

4	6	8	9	3	7	1	5	2
9	7	3	2	1	5	6	8	4
2	1	5	4	6	8	7	9	3
5	4	6	7	8	3	2	1	9
8	9	7	5	2	1	4	3	6
3	2	1	6	4	9	8	7	5
6	5	9	1	7	2	3	4	8
7	8	2	3	5	4	9	6	1
1	3	4	8	9	6	5	2	7

79

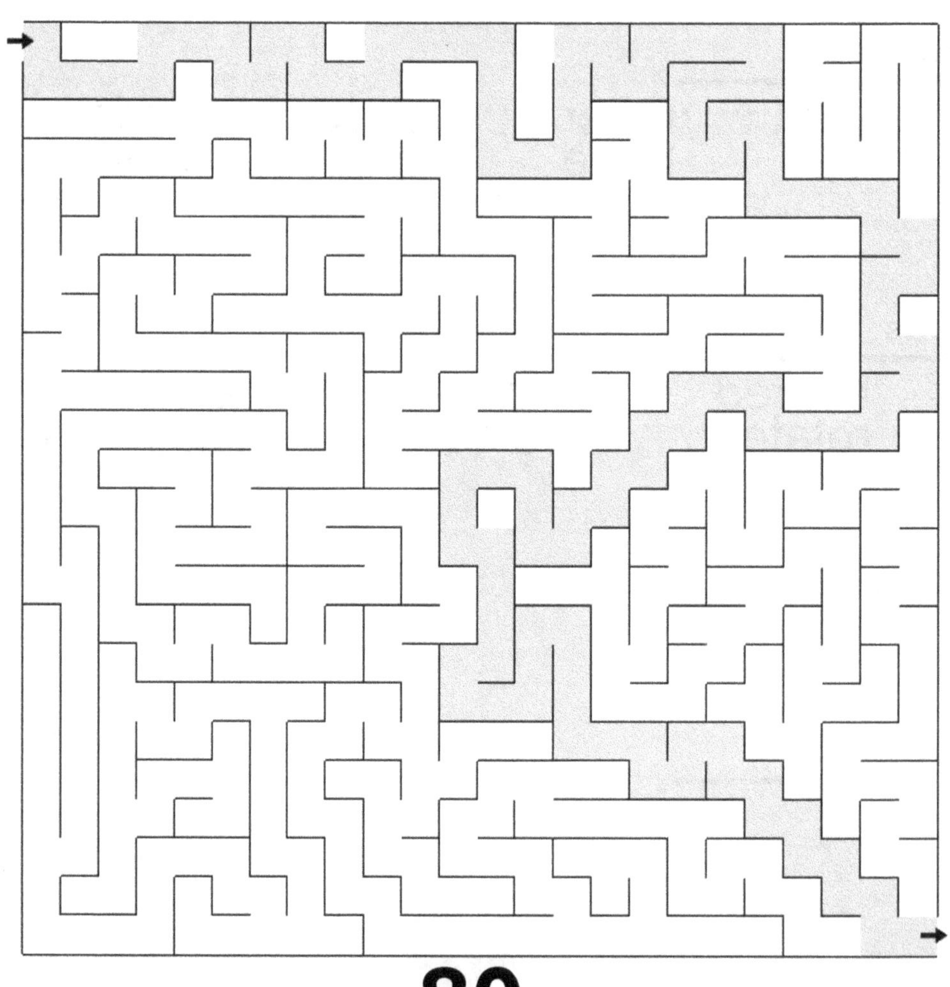

80

Solution 17

K	H	C	O	U	T	P	U	T	H	J	K
I	A	H	U	C	K	Q	F	H	J	N	A
D	N	Y	O	S	G	A	V	B	G	E	V
E	D	S	Y	R	V	I	I	K	P	Y	Y
H	S	Q	T	D	R	G	D	D	Y	Q	A
C	Q	W	M	P	G	O	O	E	L	H	T
U	W	S	W	E	E	T	R	T	R	Q	O
O	O	S	S	W	A	C	F	I	A	T	U
T	L	T	E	B	C	O	C	W	E	F	A
T	E	A	M	M	V	O	V	A	Y	V	V
H	U	O	V	R	E	C	I	G	O	L	P
N	C	N	C	F	F	N	U	P	I	N	B

ACCEPTS BIGGEST TOUCHED
OUTPUT HORROR YEARLY
COMBAT HANDS LOGIC

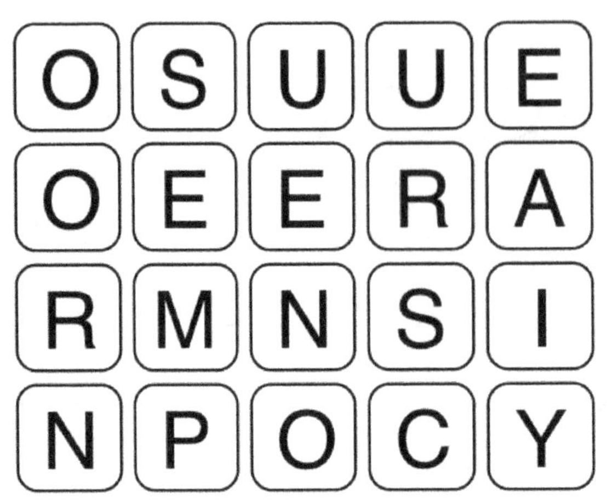

Total: 134

AIRES AIRS ARISE ARISEN ARISES ARSON COME
COMER COMERS COMES COMP CONE CONES CONS
COSEN EARN EARNER EARNS EARS EASE EASES
EASY EMERSON ERAS ERASE ERASES ERIC EROS
ESAU ICON ICONS IRAS IRENE ISOMER
ISOPRENE MENSA MENSAE MENSES MERE MERS MESA
MESE MESNE MESON MOOS MOOSE MORE MORES
MORN MOSAIC MOSES NEMO NERO NOME NOSE
NOSES NOSY OMEN OMENS OMNE OMNES ONERE
ONES ORES PONERE POSE POSER POSES POSEUR
POSY PREEN PREENS PRES PROEM PROM PROMO
PROMOS PROS PROSE RAISE RAISES RAISON RASE
RASES REASON RENO REUS REUSE REUSES RICO
RISE RISEN RISES ROES ROME ROMEO ROMP
ROSE ROSES RUES RUSE RUSES SARI SCIRE
SCONE SCONES SEEM SEEN SEER SEERS SEES
SEMEN SENSE SERA SERE SERI SERMON
SERMONES SERMONS SIRE SIREN SIRES SNEER SOME
SORE SUES SURE UREA URES URIC URNS
USER USERS USES

Words: 75

4 Letter Words

ansi	apis	asks	asps	gaps	gasp	gins	gnps	gpis
inks	inns	ipsa	kips	kiss	nags	naps	nips	pais
pans	pass	pigs	pins	pisa	piss	sags	sang	sank
sans	saps	sign	sigs	sing	sink	sinn	sins	sips
skin	skip	skis	snag	snap	snip	span	spas	spin

5 Letter Words

annis	gains	gasps	kings	pains	pangs	pings
pinks	signa	signs	sings	sinks	skins	skips
snags	snaps	snips	spain	spank	spans	spins

6 Letter Words

asking assign nissan spanks

7 Letter Words

napkins passing snaking

8 Letter Words

spanking

9 Letter Words

spankings

9	2	1	6	4	7	3	5	8
8	3	4	1	2	5	6	7	9
7	5	6	3	8	9	4	1	2
3	4	7	9	6	1	8	2	5
1	6	2	5	7	8	9	3	4
5	8	9	2	3	4	7	6	1
6	1	5	8	9	3	2	4	7
4	9	3	7	5	2	1	8	6
2	7	8	4	1	6	5	9	3

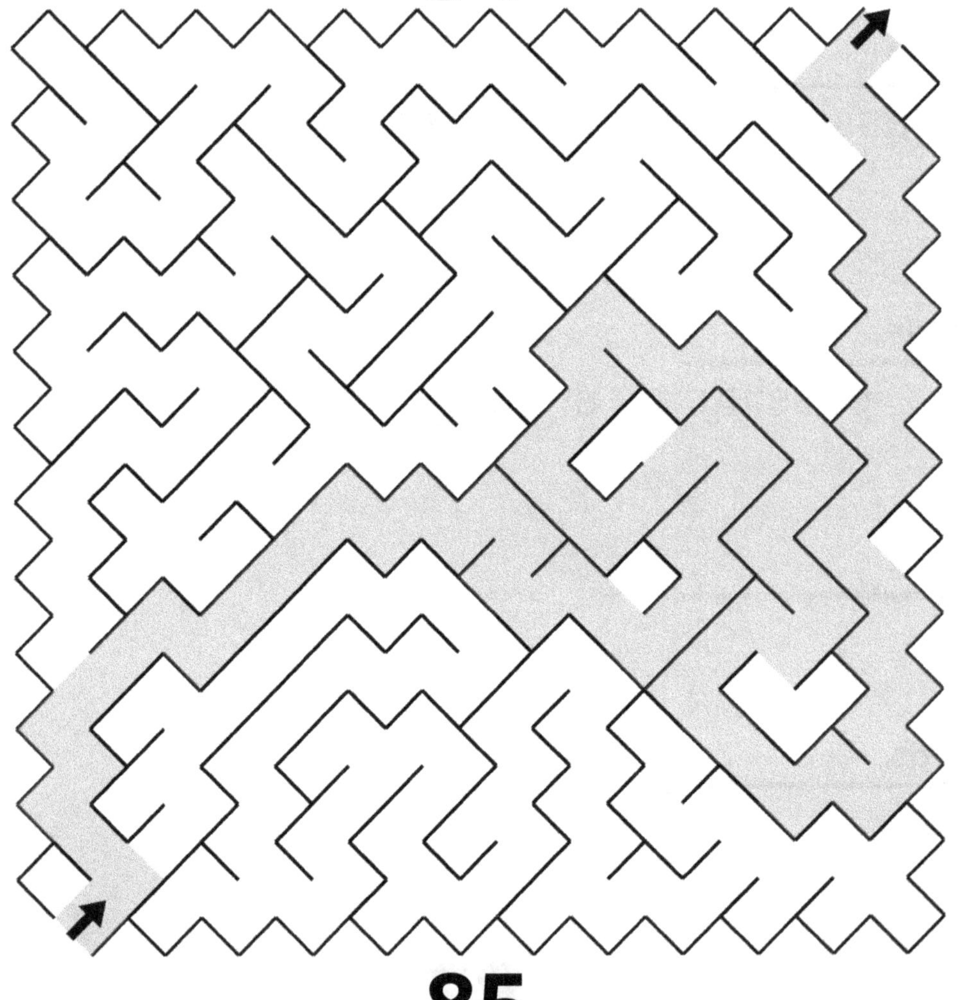

85

Solution 18

T	S	G	E	R	U	S	S	A	D	Y	K
R	D	E	W	X	W	L	T	V	W	S	J
A	E	D	N	S	E	L	L	I	N	G	F
N	E	H	T	J	W	C	A	A	D	Q	R
S	L	P	T	O	V	N	Q	E	D	E	T
I	Y	I	W	I	S	H	T	G	L	W	N
T	R	C	K	S	B	S	U	A	D	U	E
G	E	E	E	L	E	R	T	R	E	A	M
B	U	C	R	N	C	E	O	Q	T	A	E
I	Q	A	Y	R	S	F	A	J	J	H	S
W	S	Q	N	M	M	R	C	H	F	R	A
P	L	J	J	J	E	L	T	N	E	G	B

BASEMENT RELATES SELLING

TRANSIT GENTLE ASSURE

NESTED QUERY ORBIT

Total: 136

ASIA EASE EASEL EAST EATEN EATS EAVES
ELISE ELVIS ENSILE EVEN EVENS EVES EVIL
HAAS HASTE HASTEN HASTENS HATE HATES HATS
HAVE HAVEN HAVENS HAVES HEAT HEATS HEAVE
HEAVEN HEAVENS HEAVES HEAVIES HEAVIEST HEEL HEIST
HEISTS ILEA INQUEST INQUESTS INSET INSETS LEAH
LEAS LEASE LEASH LEAST LEAVE LEIS LENS
LESE LEST LETS LEVI LIEN LIENS LIES
LINE LINES LISA LIST LISTEN LISTS LIVE
LIVEN LIVENS LIVES NEAT NEIL NEST NESTS
NETS NEVI NEVIL NEVIS NILE QUEST QUESTA
QUESTS SASH SATE SATES SAVE SAVES SEAS
SEAT SEATS SEINE SENILE SETA SETAE SETH
SETS SHAT SHAVE SHAVEN SHAVES SHEAVES SHEEN
SHEET SHEETS SIEVE SINE SIVE SNIVEL STASH
STAVE STAVES STEIN STEINS STEVE TEAS TEASE
TENS TENSE THAI THIS VASE VASELINE VAST
VATS VEIL VEIN VEINS VEST VESTS VETS
VIES VILE VILEST VINE VINES VISA VISAS
VISNE VISTA VISTAS

4 Letter Words

Words: 32

ails	evil	ilea	isle	leis	levi	lies	lieu
lisa	live	luis	sail	sive	size	veil	vial
vies	vile	visa					

5 Letter Words

aisle	alive	elias	elvis	evils	ivies
lives	veils	vials			

6 Letter Words

liaise valise visual

7 Letter Words

8 Letter Words

9 Letter Words

visualize

2	7	8	5	3	6	9	1	4
6	9	4	7	2	1	5	8	3
1	5	3	9	4	8	6	7	2
3	8	6	1	7	9	4	2	5
7	1	9	2	5	4	8	3	6
4	2	5	8	6	3	1	9	7
9	4	2	6	8	7	3	5	1
8	6	7	3	1	5	2	4	9
5	3	1	4	9	2	7	6	8

90

Solution 19

S	M	I	L	I	E	S	K	Y	M	I	F
M	B	R	H	R	V	O	R	O	L	E	G
J	J	E	U	G	J	G	N	U	K	B	Y
W	E	V	H	D	S	T	G	F	A	G	A
S	S	E	P	I	H	A	K	R	K	O	C
R	S	N	U	K	N	N	B	U	T	O	D
E	I	G	B	D	P	A	O	S	G	T	K
T	C	E	A	U	D	P	O	S	L	T	Q
H	A	I	S	O	L	O	U	W	P	E	A
G	V	J	S	F	T	A	H	U	F	E	D
I	G	A	V	R	G	S	E	M	A	J	U
F	M	Y	T	G	W	H	G	C	T	O	C

BARBADOS FIGHTERS REVENGE

JESSICA SMILIES UGANDA

MONTH EPSON JAMES

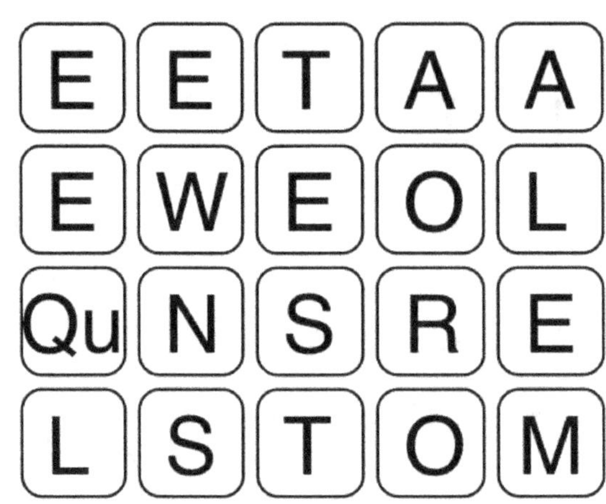

Total: 130

AEROSOL	ALERT	ALERTNESS	ALERTS	ALOE	ALOES	ELATE
ELATES	ENSEAL	ENTREAT	ENTREE	EROS	EWER	EWERS
EWES	LAOS	LATE	LATEEN	LATEENS	LATENT	LATER
LATEST	LOESS	LORE	LOSE	LOSER	LOSS	LOST
MERE	MEREST	MERS	MORE	MOREL	MORES	MOROSE
MORS	MORSE	MORT	MOSS	MOST	MOTS	NEAT
NERO	NEST	NESTS	NEWER	NEWEST	NEWS	NEWT
OATEN	OLEO	OLEOS	ORES	REAL	RELATE	
RELATES	RENEE	RENEW	RENEWS	RENT	RENTS	RESOLE
REST	RESTS	ROES	ROLE	ROME	ROMEO	ROSE
ROSEATE	ROTA	ROTE	ROTES	ROTS	SEAL	SEALER
SEAT	SEATO	SENT	SERE	SETA	SEWN	SOLA
SOLE	SOME	SORE	SORT	SORTS	SOTS	STORE
STORES	STORM	STREET	STREW	STREWN	STREWS	SWEAT
SWEET	SWEETEN	SWEETENS	SWEETER	TALA	TALE	TEAL
TEEN	TEENS	TEES	TENS	TENSOR	TENT	TENTS
TERM	TEST	TESTS	TOES	TOME	TORE	TORSO
TORT	TORTS	TOSS	TREAT	TREE	TRESS	TROT
WEAL	WENS	WENT	WERE	WEST		

Words: 72

4 Letter Words

ante	etna	evan	even	evil	ilea	lane	late	lave
lean	leet	lent	levi	lien	line	lite	live	nave
neat	neil	nevi	nile	tale	teal	teat	teen	tent
tile	tine	vale	vane	veal	veil	vein	vela	vent
vile	vine							

5 Letter Words

alien	alive	eaten	elate	elite	entia	event
inlet	intel	leant	leave	liven	naive	navel
nevil	tenet	title	valet	venal	venia	vitae

6 Letter Words

elaine	entail	lateen	latent	leaven	levant
native	nettle	talent	venial		

7 Letter Words

entitle

8 Letter Words

levitate

9 Letter Words

ventilate

7	2	6	9	3	5	1	4	8
9	1	5	8	4	6	7	3	2
3	8	4	7	2	1	5	6	9
1	6	2	5	8	3	9	7	4
4	3	9	6	7	2	8	1	5
5	7	8	1	9	4	6	2	3
8	4	7	2	6	9	3	5	1
6	5	3	4	1	8	2	9	7
2	9	1	3	5	7	4	8	6

94

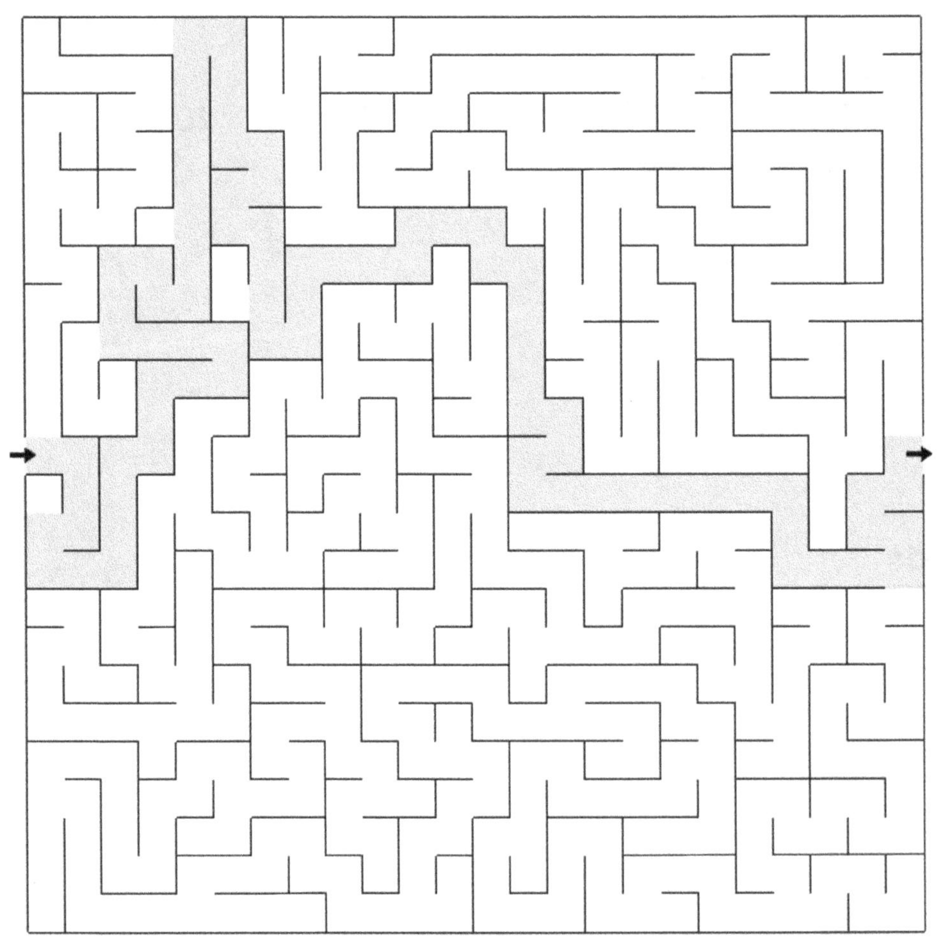

95

Solution 20

J	T	Q	W	W	C	T	A	E	K	B	K
Q	V	M	F	C	U	O	V	Q	C	B	H
A	K	E	M	W	E	Y	D	R	J	R	S
G	E	I	C	L	A	I	F	W	V	N	B
N	L	J	E	T	R	O	Q	W	I	R	M
I	L	F	H	D	O	Y	T	H	A	P	S
L	Y	P	A	Q	O	R	H	S	B	T	Y
B	W	M	E	R	V	I	S	Q	L	N	D
A	Y	E	R	U	S	O	L	C	J	A	E
N	Q	O	I	R	A	T	N	O	I	I	Q
E	F	A	C	I	L	I	T	Y	E	G	Q
I	O	B	C	F	D	V	H	V	T	W	L

ENABLING
FACILITY
ONTARIO
CLOSURE
VECTOR
MADRID
GIANT
KELLY
BRASS

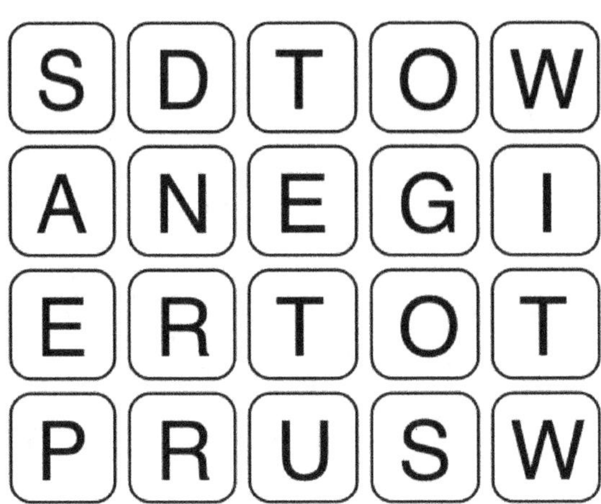

Total: 156

ADEN ANDS ANTE ANTED ANTS ARTS DANE DANTE DARE
DARN DARNS DART DARTS DENS DENT DENTS DENTURE DETOUR
EARED EARN EARNED EARNS EDNA EGOS ENDS ENTER
ENTRUST ERAS ERRAND ERRANDS ERRANT ERRED ETNA GENE GENERA
GENRE GENS GENT GENTS GERENS GETS GOUT GOUTS IOUS
NARR NEAR NEARED NETS OSTEND OUST OUSTED OUSTER OUTER
OUTGO OUTRAN OUTS PEAR PEAS PEND PENDS PENS PENSA
PENT PERE PERT PERTS PERU PRENDER RAND RANDS RANT
RANTED RANTS READ READER READS REAR REARED REDS REND
RENDER RENDS RENT RENTED RENTER RENTS RERAN RETREAD
RETREADS RUST RUSTED RUTS SAND SANDER SANE SANER SANTO
SARTRE SNARE SNARED SOIT SOUR SOURED SOURER STERN STERNA
STERNER STERNS STET STOUT STOW STRAND STRANDS SURE SURER
SUTRA SUTRAS TEND TENDS TENS TENT TENTS TERN TERNS
TETRA TETRAD TETRADS TETRAS TIGER TOED TOGO TOTE TOTED
TOTS TOUR TOURED TOURER TOUT TOUTED TOUTS TOWS TRADE
TREAD TREADS TREND TRENDS TRUST TURN TURNED TURNER TURNS
TURRET TWOS UREA URNS WITS

4 Letter Words

Words: 137

aden aged ager aide anew awed dane dare dean dear dine dire drew earn
edna egad enid erin gear grew idea inde near nerd rage rare read rear
rein rend ride rien wade wage wane ware wean wear weir wend wide wine
wire wren

5 Letter Words

aider aired anger arden deign diane diner direr dirge drier edgar
edwin grade niger raged range rawer regni reign reran rider ridge
wader waged wager waned weird widen wider wined wired wrier

6 Letter Words

andrew danger dewing drawer earwig edwina engird errand erring
gained gainer gander garden garner gerard girder gnawed grader
grande raider rained ranged ranger redraw regain regard regina
reward rewind ringed ringer wagner wander warden warder warier
warned warner warred warren winder winged

7 Letter Words

angrier darrein deraign earring gardein grained grander grinder
randier rangier reading rearing redrawn redwing regrind wearing
wringer

8 Letter Words

9 Letter Words

redrawing rewarding

3	8	5	2	7	9	6	1	4
7	1	4	5	8	6	9	2	3
9	6	2	1	4	3	5	7	8
4	3	7	9	1	5	2	8	6
8	5	1	6	2	4	7	3	9
6	2	9	7	3	8	1	4	5
2	4	6	8	9	7	3	5	1
1	9	3	4	5	2	8	6	7
5	7	8	3	6	1	4	9	2

99

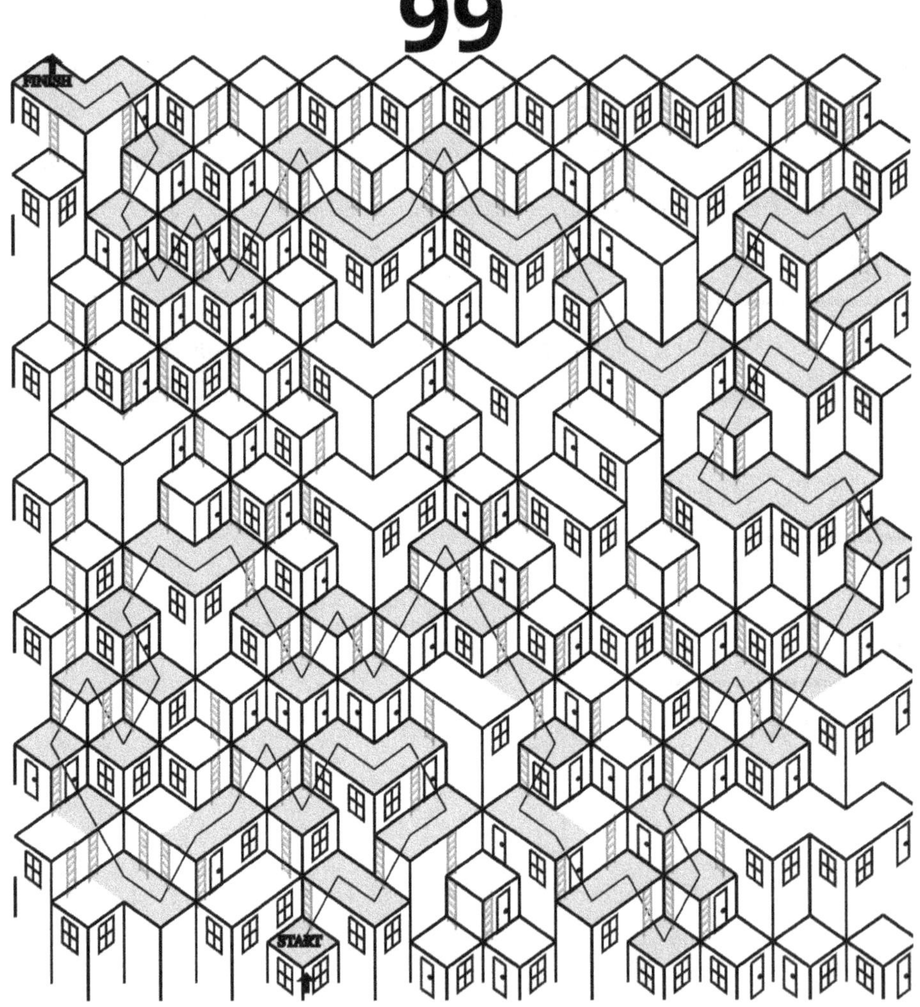

100

We hope you loved the logic puzzles. If you did, would you consider posting an online review?

This helps us to continue providing great products, and helps potential buyers to make confident decisions.

For more logic puzzles, find our similar titles

www.ingramcontent.com/pod-product-compliance
Lightning Source LLC
Chambersburg PA
CBHW081334080526
44588CB00017B/2617

* 9 7 8 1 9 2 2 3 6 4 6 2 3 *